公路水运工程典型风险与防控 50 例

周健涛　王　宝　杜程琳◎主　编
周　超　王凯旋◎副主编

沈阳出版发行集团
沈阳出版社

图书在版编目（CIP）数据

公路水运工程典型风险与防控 50 例/周健涛，王宝，杜程琳主编. --沈阳：沈阳出版社，2024.10.
ISBN 978-7-5716-4497-0

Ⅰ. U415.12；U615.1

中国国家版本馆 CIP 数据核字第 2024GS5363 号

出版发行：	沈阳出版发行集团|沈阳出版社
	（地址：沈阳市沈河区南翰林路 10 号　邮编：110011）
网　　址：	http://www.sycbs.com
印　　刷：	北京四海锦诚印刷技术有限公司
幅面尺寸：	170mm×240mm
印　　张：	12.75
字　　数：	205 千字
出版时间：	2025 年 3 月第 1 版
印刷时间：	2025 年 3 月第 1 次印刷
责任编辑：	吕　晶
封面设计：	徐晓薇
责任校对：	高玉君
责任监印：	杨　旭
书　　号：	ISBN 978-7-5716-4497-0
定　　价：	88.00 元

联系电话：024-24112447

E – mail：sy24112447@163.com

本书若有印装质量问题，影响阅读，请与出版社联系调换。

引 言

以习近平同志为核心的党中央高度重视安全生产工作，习近平总书记多次发表重要讲话、作出重要指示批示，鲜明提出坚持人民至上、生命至上"两个至上"，统筹发展和安全"两件大事"，强化从根本上消除事故隐患、从根本上解决问题"两个根本"等一系列新理念新论断，系统科学回答了如何认识安全生产、如何做好安全生产等重大理论和现实问题，为我们做好新时代安全生产工作提供了根本遵循和行动指南。

党的十八大以来，城镇化空间布局持续优化，大中小城市和小城镇协调发展，中国城市、城镇、乡村交通需求持续增长，而经济增长和收入增加对交通需求也起到了刺激作用，从而推动了我国公路水运工程的跨越式发展。公路方面，截至2023年底，我国公路总里程达到544.1万公里，十年增长121万公里，其中高速公路通车里程18.4万公里，稳居世界第一。港口方面，2022年末，全国港口生产用码头泊位21 323个，全国港口万吨及以上级泊位2751个。2023年末，全国港口完成货物吞吐量、外贸货物吞吐量分别为155.1亿吨、46.2亿吨，公路水运工程建设成就喜人。三年来，我国克服疫情影响，在公路水运工程建设领域投入巨大、成绩显著；然而，由于公路水运工程建设存在投资大、周期长、难度高、施工情况复杂等多种因素，各类生产安全事故层出不穷，迫切需要我们认真吸取事故教训，在各施工关键环节总结提炼出一系列行之有效的风险预防与管控措施，从而指导我们的后续施工。

一、编制目的

构建公路水运工程典型风险与防控管理体系，是降低公路水运工程施工安全事故发生概率的重要方法。本书以案为鉴，通过对公路水运工程施工环节典型风险进行分解剖析，提出具体管控和预防措施，以期为同类施工提供有益借鉴，从而达到减少施工安全事故的目的。

二、编制原则

以施工案例为载体，以风险分析与防控为主线，力图构建公路水运工程典型风险与防控管理体系。

1. 以案为鉴、以案促改、以案促治。深入探究公路水运工程建设过程中典型的施工风险与防控措施，以典型施工环节中的典型风险为指引，结合典型案例进行分析，通过事故案例警示教育作用，举一反三，推动工程建设安全治理模式向事前预防转型。

2. 立足全局、统筹兼顾、重点突出。围绕"精练、透彻"两大主题，根据公路水运工程建设施工过程，按照施工顺序，突出典型施工环节、典型施工风险、典型整改措施。

3. 以工地一线管理需求为导向。坚持有所述、有所不述，以列表法给出公路水运工程风险分级管控清单，务求简洁明了。

三、主要内容

本书由周健涛完成引言、第一篇、第二篇第五章以及第三篇公路工程、其他工程部分；王宝完成第二篇第三章、第三篇桥梁工程、隧道工程部分；杜程琳完成第二篇第四章以及第三篇水运工程部分；周超完成第二篇第二章；王凯旋完成第二篇第一章。

1. 第一篇从《交通强国建设纲要》、安全生产治本攻坚三年行动、本质安全等方面，阐述建设公路水运工程典型风险与防控管理体系的重要意义。

2. 第二篇通过事故案例，分析公路水运工程项目施工中主要风险内容及防范措施，以及不可抗力风险防范与应对，加强工程施工管理中的风险预防，努力提升公路水运工程建设本质安全。

3. 第三篇为总结归纳，对第二篇公路水运工程项目施工中主要风险内容及防范措施进行全面整理，给出"公路水运工程风险管控清单"。

目 录

第一篇 编制意义 ·· 1

第二篇 典型风险与防控 ·· 3

第一章 路基路面工程 ·· 3
第一节 软土地基清淤淹溺典型风险 ·· 3
第二节 路基石方路堑开挖爆炸伤人典型风险 ······································ 5
第三节 路基填方施工车辆伤害典型风险 ··· 7
第四节 路基填筑施工坍塌典型风险 ·· 9
第五节 路基挡土墙坍塌典型风险 ·· 11
第六节 面层施工车辆伤害典型风险 ··· 14
第七节 路面摊铺施工坍塌典型风险 ··· 16
第八节 路面破除施工物体打击典型风险 ·· 17
第九节 路面附属工程施工高处坠落典型风险 ····································· 19
第十节 临时设施机械伤害典型风险 ··· 21

第二章 桥梁工程 ··· 23
第十一节 钻孔灌注桩施工机械伤害典型风险 ····································· 23
第十二节 沉井施工模板坍塌典型风险 ··· 25
第十三节 基坑施工坍塌典型风险 ·· 27
第十四节 围堰工程施工坍塌典型风险 ··· 29
第十五节 钢箱梁倾覆典型风险 ··· 31
第十六节 现浇梁坍塌典型风险 ··· 33
第十七节 桥墩、盖梁下部结构施工高处坠落典型风险 ······················ 36
第十八节 挂篮施工作业高处坠落典型风险 ·· 39
第十九节 架桥机解体倾覆典型风险 ·· 41
第二十节 满堂支撑体系坍塌典型风险 ··· 43
第二十一节 塔吊安拆施工倾覆典型风险 ··· 45
第二十二节 栈桥平台机械倾覆典型风险 ··· 48
第二十三节 护栏施工机械伤害典型风险 ··· 50

第三章 隧道工程 ··· 53
第二十四节 洞口工程洞口处岩石垮塌典型风险 ································· 53

· 1 ·

第二十五节 明洞工程仰坡滑塌典型风险	55
第二十六节 洞身开挖山体坍塌典型风险	56
第二十七节 出渣与运输边坡坍塌典型风险	58
第二十八节 初期支护掌子面塌方典型风险	59
第二十九节 仰拱及排水工程拱顶塌方典型风险	61
第三十节 二次衬砌模板着火典型风险	62
第三十一节 掌子面立架作业片帮事故典型风险	63

第四章 水运工程 65

第三十二节 基槽及岸坡开挖坍塌典型风险	66
第三十三节 水下爆破爆炸典型风险	67
第三十四节 沉箱预制物体打击典型风险	69
第三十五节 沉箱预制厂机械伤害典型风险	71
第三十六节 沉箱出运倾覆、淹溺典型风险	73
第三十七节 方块、沉箱吊运安装起重伤害典型风险	76
第三十八节 胸墙施工坍塌典型风险	78
第三十九节 水运工程施工船舶伤害事故典型风险	80
第四十节 水上钢便桥和钢平台架设、拆除坍塌事故典型风险	82
第四十一节 防波堤施工现浇混凝土坍塌、淹溺典型风险	83
第四十二节 航道疏浚爆破爆炸典型风险	84

第五章 其他工程 86

第四十三节 两区三场火灾典型风险	87
第四十四节 大中修工程调流车辆伤害典型风险	88
第四十五节 管沟施工边坡坍塌典型风险	89
第四十六节 装饰装修施工中毒典型风险	92
第四十七节 钢筋混凝土浇筑高处坠落典型风险	93
第四十八节 预制构件吊装起重伤害典型风险	95
第四十九节 临时设施触电典型风险	96
第五十节 有限空间中毒典型风险	99

第三篇 公路水运工程风险管控清单 103

第一节 公路工程施工	103
第二节 桥梁工程施工	117
第三节 隧道工程施工	132
第四节 水运工程施工	150
第五节 其他工程施工	167
第六节 其他工程施工（附属工程）	182

参考文献 196

第一篇　编制意义

《中华人民共和国国民经济和社会发展第十四个五年规划和2035年远景目标纲要》指出："建设现代化综合交通运输体系，推进各种运输方式一体化融合发展，提高网络效应和运营效率。构建高速公路环线系统，有序推进城市轨道交通发展。继续推进'四好农村路'建设，完善道路安全设施。"由中共中央、国务院于2019年9月印发实施的《交通强国建设纲要》指出："完善交通安全生产体系。完善依法治理体系，健全交通安全生产法规制度和标准规范。完善安全责任体系，强化企业主体责任，明确部门监管责任。完善预防控制体系，有效防控系统性风险，建立交通装备、工程第三方认证制度。"社会经济的发展需要安全、高效、清洁、经济的交通运输系统，居民生活质量的提高需要安全、方便、舒适、快捷、低价的公共交通服务，环境的改善需要有利于环境改善的交通政策以及系统的交通规划以及建设。不难看出，如今国内公路水运工程的合理规划和建设发展已经成为整个社会经济发展的必然，而且公路水运工程建设必将与未来人们日益增长的生活形态密不可分，探究公路水运工程建设过程中的施工风险与防控措施，推动工程建设安全治理模式向事前预防转型，具有划时代的重大意义。

第一，它是落实《交通强国建设纲要》的有效措施。本书的编写与《交通强国建设纲要》"完善预防控制体系，有效防控系统性风险"紧密契合，以公路水运工程施工环节的典型风险为着手点，引用施工过程中的典型施工案例，以管理因素、技术因素、施工因素、设计因素、人员因素、环境因素、设备因素、应急因素、原材料因素等一个或数个环节为突破点，加以深度分析，探究事故发生的多层次原因，并给出相应应对措施，务求简单明了、有效使用。

第二，它是落实交通工程建设领域安全生产治本攻坚三年行动的有效措施。为认真贯彻落实习近平总书记关于安全生产系列重要指示精神，进一步夯实安全生产工作基础，从根本上消除事故隐患，有效防范遏制重特大生产安全事故，国务院安委会印发《安全生产治本攻坚三年行动方案（2024—2026年）》，部署各地区、各有关部门和单位深入开展安全生产治本攻坚三年行动，着重在安全理念、安全责任、安全规划、安全法治、安全标准、安全科技、安全工程、安全素质等方面补短板、强弱项，切实提高风险隐患排查整改质量，切实提升发现问题和解决问题的强烈意愿和能力水平，不断提升本质安全水平。本书的编写紧紧围绕治本攻坚八个方面的具体要求，在防范措施方面结合"开展重大事故隐患动态清零行动""开展安全科技支撑和工程治理行动""开展生产经营单位安全管理体系建设行动"给出具体措施，力求上行下效、狠抓落实。

第三，它是构建"本质安全"的有效措施。警钟长鸣，坚守安全底线红线。本书在编写过程中，深度体现居安思危、保持清醒头脑的思想认识，务求时刻绷紧安全生产这根弦。各施工环节风险分析体现稳扎稳打、简单全面，坚决守牢安全生产底线，充分展现"本质安全"。首先，抓本质安全的主要影响因素是"人"，因此抓安全关键是解决"人"的问题，就是让每个人都提高认识抓安全。其次，安全事故的发生往往存在不确定性和不可预见性。近期，国内连续发生多起安全生产事故，全国安全生产形势严峻复杂，而这些事故的发生都是不可预见的，因此我们每个人都要时刻绷紧安全生产这根弦不可松懈。最后，做好安全工作要围绕"人"这一关键因素，减少不利因素的叠加重合。安全事故的发生一般是各种不利因素相互叠加的结果，要防止事故的发生，就要将不利因素分开，降低不利因素同时出现的概率。因此，本书的编写就要从"人"本身出发，落实安全生产条件，健全各项安全防护措施，消除各项不利因素，避免事故的发生。

第四，它是降低公路水运工程施工安全事故发生概率的重要方法。必须将安全系统的原理和方法应用到公路水运工程施工安全管理工作中。通过该体系建设可以准确地识别公路水运工程施工过程中潜在的安全隐患，科学预判施工过程中的安全事故危害性和危害程度，为安全事故防范措施的出台夯实基础，也为出现事故时迅速采取措施提供依据，从而将事故损害降到最低范围内。本书结合大量的文献资料和实践信息进行深度解析与整合探究，力图提出一个较为规范化的、体系化的交通工程建设项目典型事故管理方案，为今后我国公路水运工程项目施工管理过程中的风险预防和控制提供有效的理论参考与指导策略，以便更好地为今后我国的经济社会发展提供管理建设的力量。

第二篇　典型风险与防控

第一章　路基路面工程

路基工程施工主要包括软土地基处理、路堤填筑、路堑开挖以及附属工程施工等；路面工程施工主要包括基层与底基层施工、面层施工以及附属设施施工等。本章主要介绍路基路面工程在施工过程中存在的 10 例典型风险及防控措施。

第一节　软土地基清淤淹溺典型风险

一、基本情况

软土地基是土壤成分含水量较高、空隙较大、压缩性较大、抗剪强度较弱、承载力较小的细粒土地基。为了能够加强软基承载力，往往需要采取加固处理，在此主要说明清淤处理。软土地基清淤施工通常需要处理大量的水和泥浆，在进行清淤作业时，需要搭设作业平台和铺设荆笆进行处理，工人可能会因为操作不当或者安全意识缺失，陷入深水中或被泥浆吞没；同时一些路人特别是孩子会因为好奇心误入施工场地，从而增加淹溺风险的产生。

二、风险分析

1. 施工因素：①过度挖掘软土地基可能导致地基沉降不稳定，进而增加清淤淹溺的风险。②在软土地基上搭建工作平台或临时设施时，平台设计不合理、不稳定或不坚固，工人在上面作业时可能发生坠落入水的事故。③清淤作业产生的泥浆处理方法不当，可能导致泥浆堆积和溢出，增加淹溺的风险。④软土地基清淤使用的抽排水设备失效或操作不当，可能导致无法及时排除地基水分，增加软土清淤淹溺的风险。⑤防护栏杆、警示标志、防滑垫等安全防护设备缺失或不足，增加人员溺水的风险。

2. 环境因素：①软土地基含水量较高，地下水位高可能导致清淤作业过程中水与泥浆迅速涌入施工区域，增加淹溺的风险。②软土地基沉积物含量较高，沉积物浓度过高导致泥浆黏稠度增加，增加工人在泥浆中陷入的风险。③软土地基土质松散，存在较大的变形和沉降风险，土质不稳定，可能引发坍塌和滑坡，导致工人被埋或滑入水中的风险增加。④强降雨、暴风雪等恶劣天气，导致施工区域水位迅速上升，泥浆流动加剧，增加淹溺的风险。

3. 管理因素：①施工人员缺乏必要的安全培训，风险意识薄弱，增加事故发生的可能性。②对施工过程中淹溺风险缺乏全面的安全评估，导致应对风险的措施不足。③应急救援机制和预案不完善，无法及时响应和处理淹溺事故，增加事故的严重程度。

三、风险控制措施

1. 施工因素防范措施：①根据工程要求合理设计和搭建工作平台，确保其稳定性和可靠性。②为施工人员提供救生衣、安全带、防滑鞋等必要的个人防护装备，确保其在作业过程中的安全。③选择符合质量标准、稳定性良好的挖掘设备，并定期进行设备检查和维护，确保设备在使用过程中的安全性和可靠性。定期检查和维护排水设备，确保其工作正常、通畅，及时发现并解决设备故障或堵塞问题。④设置围栏、警示标志，将作业区域适当封闭，防止闲杂人员误入危险区域。

2. 环境因素防范措施：①在施工前对地下水位、潮汐等进行充分的水文调查和分析，以确定清淤作业的最佳时机和方法。②建立合适的监测系统，对地下水位、波浪、沉积物浓度等进行实时监测，及时发现异常变化，并设立预警机制，确保工人的安全撤离。③采取设置围护结构、防护柱、挡土墙等相应的防护措施，防止水流冲击和土体坍塌。

3. 管理因素防范措施：①根据环境因素的风险分析，制订详细的施工计划，包括工作时间、作业区域选择、清淤方法的确定等，确保施工过程安全可控。②对施工人员进行全面的安全培训，提高其对淹溺风险的认识和应对能力，确保施工人员具备必要的安全意识和应急能力。③在施工前进行全面的安全评估，识别和评估淹溺风险，并制定相应的安全计划和措施，确保风险得到有效控制和管理。④建立健全事故报警、紧急撤离、施救措施等应急救援机制，提前做好应急预案和演练，以应对淹溺事故的发生和处理。

第二节 路基石方路堑开挖爆炸伤人典型风险

一、事故案例

1995年3月16日，深圳市某公路工地在进行爆破时，发生一起爆炸伤人事故。起爆前40分钟，由当地公安机关分局人员带领保安对爆破区东面150~200m处（爆破安全警戒范围为350m）搭建的大片窝棚进行检查。一保安发现一两层窝棚楼梯上方用木板盖住，用手拖了一下未挪开，然后出声询问是否有人，未得到响应后就走开了。因为爆破清场不彻底，起爆后有一尺寸50cm×45cm×15cm的石块飞起，将此窝棚顶棚砸穿，正好砸在藏匿于此窝棚一楼的农妇头上，致其当场死亡。

二、风险分析

1. 设备因素：①爆破药剂、引爆装置、导爆管等设备材料没有正确使用、存储或处理，可能导致爆炸事故或人员受伤。②作业人员穿戴的衣帽以及使用的工具容易聚集静电，可能引起火花增加爆炸风险。③炸药或其他易燃易爆物品暴露在高温环境或与其他化学物质混合，没有妥善存放或处理，可能导致自燃或爆炸。④现场电气设备维护不当、电线老化、过载或短路等问题未得到妥善处理，引发火花或电弧，从而引发爆炸。⑤爆破器材装卸运输不规范，会导致爆炸风险的增加。

2. 人员因素：①爆破作业人员未参加上岗培训甚至无证上岗而缺乏专业爆破技术，可能在操作设备、处理爆炸物品或应对紧急情况时出现错误，增加事故发生的风险。②操作人员未按照规定程序进行操作，或者存在违规行为，可能导致爆炸事故的发生。③作业人员缺乏对安全风险的警惕性、敏感性，可能无法及时发现和处理潜在的爆炸风险。④作业人员沟通不畅或协作不当，可能导致误解、错误操作或信息传递不及时，导致某处爆炸提前或撤退延误从而增加爆炸伤人风险。⑤作业人员忽视或不正确使用安全帽、护目镜、手套等防护装备，可能导致伤害的发生。

3. 管理因素：①设计爆破方案时，未充分考虑石方的特性和周围环境，爆破参数和爆破序列不合理。②爆破计划未确定安全距离以及撤退路线，同时清场不彻底也会增加爆炸物伤人的风险。③应急预案缺失或不详细，会增加应急救援的成本和时间。

4. 环境因素：①大雾、大风、夜间以及雷雨等恶劣不良天气会影响爆破的正常施工。②具有易碎性、易爆性或含有易燃物质的石方增大爆破伤人的风险。

三、风险控制措施

1. 设备因素防范措施：①选择防爆设计、压力容忍度和安全操作控制等符合标准和规范要求的专业爆破设备，并确保其正常运作和维护。②定期检查爆破机械、电气系统设备、防护装置、炸药等爆破设备的工作状态和安全性能，及时修复或更换损坏的设备部件，定期检查炸药质量，确保安全可靠。③设置专人对作业人员的衣物、工具进行电流测试，避免产生静电火花。④进行爆破器材装卸时，应远离人口密集区域，设置专门的监督人员，轻拿轻放，严禁发生摩擦、撞击、翻滚、侧置以及倒置爆破器材等不安全行为，雷管和爆破器材不得同地同时装卸；进行运输时，不得用翻斗车、拖车、自行车、摩托车和畜力车运输爆破器材，在运输中应采取防滑、防摩擦和防止火花产生等安全措施。

2. 人员因素防范措施：①爆破作业人员必须经过上岗培训且取得相关部门颁发的相关范围以及相关级别的证件。②加强安全教育培训和技术交底，确保所有进入现场的人员都接受培训，培训内容应包括安全操作规程、紧急处理、爆破设备使用等，以增强人员的安全意识，提高人员的技能水平。③点爆时，应由专人进行统一指挥，不得有一处提前起爆，火花起爆必须用导火索或专用起爆工具，严禁用火柴、烟头或打火机等，点爆后点爆人员应及时按照撤离路线撤退到安全地点。④人员配备安全帽、防护眼镜、防护服等必要的安全防护装备。

3. 管理因素防范措施：①加强对爆破人员资格、爆破方案、安全措施、应急预案、炸药储存以及运输方式的审批。②对爆破环境进行复查，与当地公安部门进行沟通，通知爆破情况，及时清场，对爆体应采取必要的减震、覆盖防护措施，设立爆破标志以及警戒线，对爆破区域进行封锁并派专人看守。③在进行爆破作业时，需要确保施工人员和其他人员远离危险区域。根据爆破物料的特性和爆破参数，确定适当的安全距离和设置隔离区域。安全距离的确定应该基于爆炸冲击波、碎片飞溅和噪声等因素的影响范围。专业的爆破工程师应该制订详细的爆破计划，并确保其符合相关的安全标准和法规要求。④配备急救箱、消防器材等必要的应急救援设备，并指定专人负责应急救援工作。制定应急预案，明确应急响应流程和责任分工，以应对可能发生的事故或紧急情况。

4. 环境因素防范措施：①不应在大雾、大风、夜间以及雷雨等恶劣天气进行爆破施工。确需在夜间进行爆破施工时，应做好相应的安全措施。如遇雷雨天气，应及时停止爆破作业，并撤离雷雨区。②做好清场，为爆破设备设置防护罩和隔离区域，以防止爆炸产生的冲击波和飞溅物对操作人员造成伤害。

第三节　路基填方施工车辆伤害典型风险

一、事故案例

2019年5月16日，在青岛新机场高速公路二合同段K8+370南段高架桥3的左幅0号桥头处发生一起车辆伤害事故。事故发生时操作手孙某驾驶振动式压路机正在进行便道填土、碾压施工，由于安全意识淡薄，违背了安全操作规程和《施工便道方案》相关要求，施工时也没有专人进行指挥，导致孙某驾驶振动式压路机横向冲过0号桥台左幅东侧侧墙护栏预留钢筋，直接栽向桥台侧面的沟内。由于压路机前端较重，栽入沟内后造成翻转，致使压路机驾驶室挤压变形，造成压路机操作手孙某被挤压死亡。

二、风险分析

1. 设备因素：①挖掘机、推土机、装载机等施工车辆不符合安全规范，没有经过定期检修和维护，安全性能得不到保障。②施工车辆重心不稳定，导致车辆倾覆引发事故。③车辆会存在一定的盲区，车辆上缺乏警示标志和装置，周围人员可能注意不到车辆的存在，导致伤害发生。④施工车辆启动前未做好相应的准备检查。

2. 人员因素：①操作人员存在无证上岗或操作与其操作证不符的设备。②操作人员的安全意识淡薄，不遵守施工现场的安全规定和操作程序。③操作人员疲劳驾驶和分心可能导致操作失误。④操作人员个人防护意识不足。⑤现场人员特别是与施工车辆操作相关的人员之间的交流与协调能力不足。

3. 管理因素：①项目部没有机械管理制度和压路机操作人员的安全操作规程，对机械设备管理不严；缺少专门的管理人员进行现场指挥和监管。②未做安全施工方案，安全管理措施流于形式且未形成有效文件。

4. 环境因素：①陡坡、湿滑的地面或不稳定的土质增加车辆滑移或倾覆的风险。②雨雪、强风等恶劣天气条件会降低能见度和驾驶员操作车辆的能力，增加事故风险。③建筑物、树木、电线杆等施工现场周围的环境障碍物会限制施工车辆的操作空间，增加碰撞的风险。

三、风险控制措施

1. 设备因素防范措施：①按照保养规程对施工车辆进行日常保养，对发动机、底盘、轮胎等进行认真检查，确保轮胎气压和液压系统工作正常，避免故障的发生。②在车辆上设置反光标志、声光报警器等有效的警示装置，提醒周围人员注意车辆的存在。在停止操作时，要立即将发动机熄火，确保周围的人员和设备远离施工车辆，避免意外的发生。

2. 人员因素防范措施：①车辆操作人员必须经过专业培训，经严格考试后获得规定部门颁发的操作证才可上岗，不得驾驶与操作证不符合的机械。②增强施工人员的安全意识，强调安全第一的理念，正确佩戴、使用安全帽等个人防护装备。③提供对讲机等沟通设备，促进施工人员之间的相互沟通和协作。及时共享安全信息和工作进展情况，提高沟通效率，增强安全意识。确保人员之间的配合，减少错误操作和人为疏忽所导致的事故风险。④合理安排工作时间和休息时间，确保车辆操作人员保持良好的精神状态和专注度。

3. 管理因素防范措施：①建立安全管理制度和规范，制定明确的操作规程、安全标准和程序，规范施工车辆的使用和管理。②加强人员管理和机械设备管理，严格落实作业前的安全技术交底，对违反规定作业的人员及时进行教育，通过播放纪录片等形式增强其安全意识，确保操作人员严格遵守安全规章制度和相应的施工方案。③加强项目现场的管理，设置应急救援队伍，编制应急预案，安排专人进行施工现场的安全监测和巡视，以便及时发现和处理潜在的车辆伤害风险，同时监测施工车辆的运行状况，观察是否存在异常情况或操作不当的行为，并采取必要的纠正措施。

4. 环境因素防范措施：①车辆启动前，应对四周进行检查，确保周围无障碍物和其他危险因素。②车辆靠近路堤边缘作业时，应根据路堤边缘情形留有一定的安全距离。③确定施工区域，划定合理的边界，设置围栏、警示标志、道路封闭等措施，警示周围车辆和行人注意施工区域。禁止未经许可的人员和车辆进入施工区域，确保施工现场安全。④密切关注天气情况，特别是在强降雨、强风等恶劣天气条件下，应及时采取提高排水系统排水能力等措施，确保施工区域排水畅通；在恶劣天气条件下暂停施工，以减少车辆操作风险。

第四节　路基填筑施工坍塌典型风险

一、事故案例

某高速公路在进行路基填筑施工时发生了一起滑坍事故。该高速公路分四个阶段施工，其中软基段长达14km。该段软土地基处理措施：清除鱼塘淤泥及田地杂物，回填河砂至地表，再铺设60cm厚的砂砾垫层，打塑料板间距1.2m，长度为11m，其上层铺两层土工布，土工布之间是50cm厚的砂，第二层土工布上仍是填砂。施工单位××年3月底开始施工到××年10月底，填砂已达到设计高程。路基填筑高度为4m左右，后因邻近的季华路立交桥高程提高，线路纵坡重新调整，12月底，路基填筑高度增加2.32~2.85m，施工单位接到变更设计图纸后继续施工，到×年12月底，路基填筑高度达5.8m。次年元旦，工人C和X在此段路填筑土时,该段路基发生了滑坍,路基平均下沉 2m,C 及时跳离逃生,X 则随路基滑下,后被救起,经医院抢救无效死亡。该次事故主要原因是路基变更设计,标高提高仍按打塑料板加铺土工布的排水固结方法处理,但是未设反压护道。其次,施工单位未能按照技术规范控制填土速率和进行沉降监测也导致了该次事故的发生。

二、风险分析

1. 载重因素:①大型施工车辆,如挖掘机、压路机等设备的重量会对路基产生一定的荷载压力,超过路基承载能力,可能导致坍塌。②填筑施工现场常会堆放大量填土、石料等施工物料,堆放不当或过高,会给路基造成过大的压力,导致坍塌风险增加。③附近区域内有桥梁施工或重型运输车辆经过可能会使路基产生振动和额外的荷载,增加坍塌的风险。

2. 施工因素:①随着开挖深度增加会加大土壤的压力和侧向力,增加坍塌的可能性。②施工区域附近的建筑物、管道、桥梁等结构物与开挖工程的距离过于接近或存在不稳定的结构物,可能会对开挖工程产生影响,导致坍塌风险增加。

3. 管理因素:①施工组织计划不合理可能导致施工过程中的混乱和不安全因素增加。例如,过度追求工期进度而忽视安全要求,或者施工队伍组织不当,缺乏有效的沟通和协调等。②施工人员缺乏相关知识和经验,可能无法正确识别和应对潜在的风险。③使用老化、损坏或不合适的施工设备和工具可能增加坍塌的风险。④缺乏健全的安全管理制度和有效的监督措施可能导致施工人员忽视安全规范和操作程序,增加坍塌的风险。

4. 环境因素:软弱土壤、岩层裸露或存在断层等不同地质条件下,土壤的稳定性和承载能力会有所差异,可能增加填筑施工的风险。

三、风险控制措施

1. 载重因素防范措施:①在填筑施工前,应进行详细的承载力计算,确保施工车辆和设备的重量不超过路基的承载能力。必要时,可以采取分段施工、减少设备数量和荷载等措施,确保路基填筑施工的安全性。②合理规划施工物料的堆放位置和高度，避免过高或过于集中地堆放。确保施工物料的分布均匀，减少对路基的集中压力，防止坍塌的发生。③根据设计要求，采取适当的路基加固措施，提高路基的承载能力和抗坍塌能力。

2. 施工因素防范措施：①在开挖过程中，对路基进行实时的监控和检测工作，监测土体的变形、应力和位移等参数，及时发现异常情况，并采取增加支护或调整开挖计划等措施。②在开挖施工现场设置明显的安全警示标志，提醒施工人员和周围人员注意施工区域的风险。提供安全帽、护目镜、安全鞋等个人防护装备，确保施工安全。

3. 管理因素防范措施：①建立健全安全管理体系，制定相关安全规章制度，明确责任和权限，培训施工人员增强安全意识和提高安全技能，建立安全检查和记录机制等。②在施工前进行全面的风险评估，识别潜在的风险因素，并采取相应的预防措施。例如，制定详细的施工方案、进行现场安全检查、设置安全防护设施等。③加强施工人员的培训，建立合理的施工人员管理制度，增强安全意识，提高技能水平。④选择适当的设备和工具，确保符合工程要求和安全标准。对施工设备和工具进行定期检查、保养和修复，确保其正常运行和安全可靠。⑤建立有效的安全监督机制，对施工现场进行定期巡查和检查，确保施工过程中符合安全要求。督导施工人员遵守安全操作规程和安全防范措施。⑥制定完善的事故应急预案，明确责任和处置流程，提前做好应对突发情况的准备工作。

4. 环境因素防范措施：①在开挖施工前，进行详尽的地质勘查，了解地质条件和土层情况。根据勘查结果，制定合理的设计方案，包括合适的开挖深度、土壤支护措施等，确保施工安全。②根据地质条件和开挖深度，选择挡土墙、钢板桩、悬挑墙等土壤支护措施，增加土体的稳定性，减少坍塌风险。

第五节　路基挡土墙坍塌典型风险

一、事故案例

2022 年 2 月，阳春市广茂线 K269+226 潭水道口平改立项目绕行村道路面硬化工程发生一起挡土墙坍塌事故。李某、肖某、吴某、周某、刘某对该项目的挡土墙进行施工，2月18日下午，混凝土浇筑完成。2月19日上午，在得到李某"没问题就拆模"的请示回复后，肖某、吴某、周某、刘某四人发现早上没下雨，就对该工程已经浇筑完的挡土墙进行拆模。两人负责将模板撬松，其余两人负责清理被撬松的模板，在拆模过程中下起了小雨，正当拆到最后一块模板时，吴某回到了路面，剩余由刘某拆除，肖某、周某在其3m附近处拾模。刘某突然发现挡土墙有晃动迹象，喊了一声"墙要塌了"就跑出了挡土墙坍塌范围，而肖某、周某还未跑开挡土墙就发生坍塌，肖某被坍塌的混凝土块压覆导致死亡，周某被坍塌的土块压住下半身受伤。在这次事故中，肖某、周某的安全意识淡薄，混凝土浇筑时间和拆模时间间隔不足2天，混凝土强度不满足2.5MPa，不符合混凝土拆模强度标准，四人违反了安全生产规章制度和操作规程，是导致事故发生的直接原因。其次，施工单位的安全生产主体责任不落实，未对施工人员进行安全生产教育和培训，未如实记录公司对施工队进行工程安全技术交底情况，未制定应急救援预案，未组织制定本公司全员安全生产规章制度和操作规程，对现场工作缺乏检查和指导，对路面硬化工程现场施工的安全管理不到位，是导致事故发生的间接原因。同时，监理单位未能安排监理人员对现场施工作业关键工序进行旁站，做相应记录，在刚浇筑完混凝土后，监理员叶某只口头通知现场负责人王某2月19日暂停施工，但未依照《建设工程监理规范》签发该项目工程暂停令，对现场安全监理不到位，也是导致事故发生的间接原因。

二、风险分析

1. 施工因素：①施工方法和工艺不同，对挡土墙的稳定性影响也不同，施工方法和工艺不合理增大坍塌风险。②施工设备、材料堆放、土方开挖等会对挡土墙施加荷载，荷载过大或者荷载集中可能导致防护结构失稳或破坏。③原材料不符合相关标准和规范导致挡土墙坍塌风险增加。

2. 人员管理因素：①施工人员安全意识缺失，违反安全生产规章制度和操作规程，如护臂混凝土强度不足时拆除混凝土模板，可能导致土体扰动、支撑结构失稳等问题，进而引发坍塌事故。②施工现场管理混乱，施工单位未设置专人对现场进行监管指挥，监理单位未尽到安全监理责任。混乱的管理可能导致安全措施不到位、施工质量不达标等问题，增加坍塌的风险。

3. 环境因素：①在施工过程中，如果遇到土质疏松、强度低下等稳定性差的土体，容易导致土体滑坡、坍塌等事故的发生。②地下水位的升降、地表水流的变化都可能对临时设施的稳定性产生影响。地下水位过高可能引发土壤液化或者渗流压力增加，地表水流较大可能导致土体冲刷，从而增加坍塌的风险。③地震、洪水、滑坡等自然灾害也可能导致防护结构坍塌。低温、寒潮会导致混凝土微观结构破坏，影响水泥水化反应速度，从而导致混凝土强度降低，增加坍塌的风险。

三、风险控制措施

1. 施工因素防范措施：①根据具体施工情况选择合适的施工方法和工艺，并进行相应的安全评估。②挡土墙基础开挖较深或边坡稳定性较差时，应分段、跳槽开挖，并采取临时支护措施；临时弃土或堆放材料距坑边的距离不应小于1m，机械行驶不得影响施工安全；基坑应随基础施工分层回填夯实，顶面做成向外不小于4%的排水坡。③墙身施工应保持墙面平顺整齐，墙顶排水及防渗设施及时安置，泄水孔在砌筑墙身时留置，保持排水畅通；在高处浇筑混凝土墙时严禁下面站人；墙背拆模时，应在墙背侧设置必要的临时支撑。

2. 人员管理因素防范措施：①进入施工现场后必须佩戴好安全帽等个人防护用品，进行施工操作前检查施工环境是否符合安全要求。②施工现场应设置明显的安全警示标志，并保持通道畅通，确保人员和设备的安全。③施工现场应设立专人进行监督指挥，监理单位要落实好监理职责，做好旁站记录；施工单位要加强操作人员的安全教育培训，增强安全意识，通过安全教育培训考核后方可上岗。④制定好应急预案，成立应急救援队伍，做好应急演练。针对不同的事故类型和风险源，制定相应的应对策略。

3. 环境因素防范措施：①设置排水管道、渗水带、防渗墙等排水系统，确保土体的排水通畅，减少水压力对墙体的影响。②加强附属设施墙背后坡面的保护，采取植被覆盖、设置防护网等防止土壤侵蚀和侵蚀堆积的措施，提高墙体的稳定性。③进行土壤处理，用压实设备提高土壤的稠密度和抗剪强度，减少墙体的变形和破坏风险。

第六节　面层施工车辆伤害典型风险

一、事故案例

2023年5月31日，福州市一沥青装载车在运输沥青过程中发生一起车辆伤害事故。该条公路限速20km/h，为水泥路面，轻型自卸货车在事发时的车速为37km/h，系超速，为躲避前方掉头的小轿车，因车速过快来不及刹停而侧翻在对向车道，压扁了一辆停在路边的小汽车，装载的沥青洒落，掩盖了路过的一对母子，造成该母子死亡。而事故发生时的车货总重量约为42 850千克，该车核定总质量为4290千克，整备质量2600千克，核定载质量为1495千克，超载率2579.26%。沥青混合料在运输过程中，如果车辆超速、超载、急转弯或者缺乏车辆调度指挥，都很容易造成车辆伤害，案例中正是由于司机的安全意识差，发生事故的车辆存在多起违法违规行为，公司并未对其进行处理，才酿就了该起事故的发生。

二、风险分析

1. 车辆因素：①不同类型和大小的车辆在施工区域的操作和操控能力不同，可能会增加碰撞和伤害的风险。大型工程车辆相对于小型车辆具有更大的体积和惯性，可能对工人和设备造成更严重的伤害。②施工车辆在装载材料或设备时超过其承载能力，可能导致车辆失去平衡，发生侧翻或倾覆等事故。③施工车辆的制动系统失灵、转向系统故障等，可能导致车辆无法正常操作。④沥青运输车等具有较高重心和不稳定性的车辆，操作不当或遇到不平整的地面，可能导致车辆失去平衡，发生侧翻等事故。⑤施工车辆超速、违规载人、违反交通规则等不良行为会增加碰撞和伤害的风险。

2. 管理因素：①交通管制措施不到位或施工区域划分不明确等施工计划安排不合理，可能导致车辆拥堵、交叉作业和施工现场混乱，增加事故发生的可能性。②施工现场缺乏安全警示标志和安全指引，增加事故发生的风险。

3. 环境因素：①面层施工车辆在施工现场的工作环境可能存在狭窄的道路、不平整的地面等不良通行条件，增加车辆发生事故的风险。②面层施工车辆还可能受到恶劣的天气条件、突发事件等不可控的外部因素的影响，导致能见度降低、路面湿滑、交通状况恶化等，增加了事故发生的风险。

三、风险控制措施

1. 车辆因素防范措施：①在施工区域选择适合的施工车辆，考虑车辆的操控性和机动性，确保能够在狭窄的施工区域内进行安全操作。②建立健全的车辆维护管理制度，定期对施工车辆进行检查、保养和维修，确保其正常运行和安全性能。③施工现场应设置限速等警示标志，施工车辆进入现场后应保持限速行驶，避免高速行驶发生意外。④运输车辆在公共道路上运输时，应尽量远离行人，遵守交通规则，遇有弯道、下坡及时减速，避免紧急制动。⑤油罐车装载不满时，杜绝罐车高速行驶、突然改变车速等不安全行为，否则车体重心前移容易导致侧翻。

2. 管理因素防范措施：①规划场内外运输路线，加强交通组织和管理，确保施工区域与交通流动的合理分离，减少交通冲突。②作业人员必须进行安全教育并考核合格，所有人员、机械必须严格按照制定的区域作业，不得进入更不得横穿车辆通行区域。③根据施工需要和安全要求，合理划分施工区域，施工现场设置安全通道及"注意安全"警示标志并采用安全设施隔离，非作业人员应远避。④水泥罐车、自卸车等进入现场应坚决杜绝无人指挥、超速行驶、急转弯等不安全行为。⑤从业单位应严格落实安全主体责任，选用驾驶品质优良的司机，对违反交通法规行为进行严肃处理，增强其安全责任意识。

3. 环境因素防范措施：①对天气条件进行监测和预警，及时采取降低速度、增加警示标志等安全措施。②加强与相关部门的沟通和协调，及时获取路况和交通信息，并根据情况做出相应的调整和应对措施。③根据周边交通流量的分布情况，合理规划施工区域和交通组织，避免交通拥堵和交通冲突。

第七节　路面摊铺施工坍塌典型风险

一、事故案例

2015年8月20日，江苏省连云港市某街道路面施工时发生一起严重的路面坍塌事故。当日，路面铺设工人正在进行沥青混凝土的摊铺工作，由于一系列的错误操作和安全措施不到位，突然部分刚铺设的沥青混凝土开始出现塌陷。紧接着，整个工作区域的路面开始破裂，导致大量工人和设备陷入塌陷的路面当中。

二、风险分析

1. 施工因素：①使用的沥青混合料质量不符合标准，可能导致路面摊铺后强度不足，增加坍塌的风险。②施工中沥青混合料厚度不合适，可能引发路面坍塌的问题。③施工计划过于紧张或不合理安排施工顺序，可能导致施工进度过快，增加坍塌风险。④施工工艺不合理或施工过程中温度等关键环节控制不当，可能导致路面摊铺质量不稳定，增加坍塌风险。⑤施工人员缺乏施工经验或技术不熟练，可能无法正确操作设备和控制施工过程，增加坍塌的风险。

2. 设备因素：①摊铺机械故障可能导致摊铺中断或异常，影响路面的均匀性和稳定性，增加坍塌风险。②施工中使用的设备、测量和控制系统精度不足，可能导致路面摊铺不平整、不均匀，增加坍塌的可能性。

3. 管理因素：①施工现场的人员安全意识不足，缺乏相应的安全培训，不了解安全规章制度，可能导致施工过程中发生安全事故，增加坍塌风险。②施工中发现的安全隐患未能及时消除，可能引发坍塌事故。

4. 环境因素：①地基土质松散、不均匀或不稳定，施工过程中的振动和荷载可能导致基础失稳，引发坍塌风险。②高地下水位可能导致地基土体饱和，降低土壤的承载能力，增加路面坍塌的风险。

三、风险控制措施

1. 施工因素防范措施：①确保使用符合规范要求的沥青混合料，进行必要的质量检测和监控，避免使用劣质材料。②合理制订施工计划，充分考虑施工的时间、资源和技术要求，避免过度抢工期现象。

2. 设备因素防范措施：定期检查和维护摊铺机械设备，确保其正常运行，在施工前进行设备的调试和校准，确保摊铺施工质量的可控性。

3. 管理因素防范措施：①根据规范要求，制定合理的施工工艺和操作流程，确保施工人员熟悉施工要点规范，保证施工过程的安全和质量。②加强对路面摊铺施工的监督和检查，确保施工过程中的质量控制和安全管理措施得到有效执行。③加大教育培训力度和技术支持，提升施工人员的技术水平和操作能力，提高其对施工风险的应对能力。④加强安全管理，增强施工人员的安全意识，建立健全的安全管理制度，确保施工过程中的安全。

4. 环境因素防范措施：①在施工前进行充分的土质调查，了解地基土质状况，并根据需要采取加固措施，确保地基的稳定性和承载能力。②应采取设置排水沟和临时排水管道等临时排水措施，确保施工区域的排水畅通，及时排除施工过程中产生的地面积水和雨水。③定期清理排水设施，清除堵塞物，保持其畅通性，及时修复损坏的排水设施，确保其正常运行。④在施工过程中，应设置地下水位和地基变形等监测点，对地下水和地基进行实时监测，通过监测数据的分析，及时发现异常情况，并采取相应的措施。

第八节　路面破除施工物体打击典型风险

一、事故案例

2023年7月24日，沈阳市万山路的改造工程现场发生一起物体打击事故，造成1人受伤。事故发生时，现场正在进行旧路面的破除工作。事故原因主要是由于混凝土块内部存在未知的结构缺陷，加上机械操作时的振动，现场噪声较大，导致工人王某在操作破除机械时，一块未被破碎的混凝土块突然断裂并飞出，直接击中了正在附近作业的毫无防备的工人李某。

二、案例分析

1. 人员因素：工人未佩戴合格的个人防护用品以及在作业过程中疏忽大意，未能及时发现并躲避危险，导致物体打击事故发生。

2. 管理因素：施工现场未设置有效的安全警示标志，作业区域划分不明确，导致工人误入危险区域。

3. 设备因素：部分机械设备存在故障或违规操作，如破碎机未及时维修、操作不当，导致物体飞溅伤人。

三、风险控制措施

1. 人员因素防范措施：①增强施工人员的安全意识、提高施工人员的自我保护能力是防止飞溅物体打击事故的关键。应定期开展安全教育培训活动，向工人普及安全操作规程、个人防护装备的使用方法、危险源的识别与应对等知识。②应通过应急演练等方式，提高工人在紧急情况下的应变能力。

2. 管理因素防范措施：①制定详细的安全操作规程，应涵盖所有可能产生飞溅物体的施工活动，并明确规定工作区域、安全距离、操作顺序等关键要素。同时还应包括必要的紧急应对措施，以确保在意外发生时能够迅速、有效地进行处理。②为施工人员提供合格的安全帽、防护眼镜、防护手套、安全鞋等个人防护装备，确保所有工人都了解并正确佩戴这些装备，以减少受伤风险。③通过定期和不定期的安全检查，及时发现并整改施工现场的安全隐患。④通过改进施工方法、采用新型施工设备等措施，优化工艺流程，减少施工过程中产生的扬尘、飞溅物等危险因素，从而降低事故发生的概率。⑤在施工现场设置明显的安全警示标志，提醒工人注意安全。根据施工进度和作业环境的变化，及时更新和调整警示标志的内容。⑥建立完善的应急预案机制。预案应包括事故报告程序、现场处置流程、救援措施等内容。在事故发生时，应迅速启动应急预案，确保事故得到及时、有效的处理。

3. 设备因素防范措施：定期对机械设备进行检查和维护，检查内容应涵盖设备的结构、机械部件、电气系统等各个方面。发现问题及时维修，确保设备性能良好。

第九节　路面附属工程施工高处坠落典型风险

一、事故案例

2021年10月31日6时许，广州市某项目工地在进行附属设施施工时发生了一起高处坠落事故。拆模组的工人苏某等4人在体育中心工地北侧造型柱的位置按分工开展施工，刘某洪和王某搭铁架（用于支撑模板），王某明拆卸造型柱的模板（把撬棍插进模板将其撬开，让其脱落后搬运至地上1层楼面堆放整齐），苏某负责拆卸模板抱箍（用铁锤把插销砸开，让模板抱箍脱落后将其搬运至地上1层楼面堆放整齐），施工过程中苏某、王某、王某明、刘某洪4人均未系挂安全带。当天上午木工班班长杨某平在工地巡查一遍后离开工地，拆模组组长杨某林在北侧地下室运送木板材料至1层楼面，未在现场指挥和管理。10时40分许，苏某在北侧造型柱施工作业面坠落死亡。该涉事工地现场脚手架共五层，上下层高度差均大于1.8m，却未设置上下爬梯，且脚手架临边未设置任何防护措施，明显存在高处坠落的安全隐患，而且高处作业人员安全意识薄弱，未正确佩戴和使用安全防护用品导致了该事故的发生。

二、风险分析

1. 人员设备因素：①高处作业人员缺乏对高处坠落风险的认识和重视，可能会导致不注意安全细节或不遵守安全规定，如违反安全规章、擅自调整工作程序，从而容易忽视自身的安全，增加高处坠落的风险。②高处作业时站立不稳、不正确使用安全设备、悬挑作业时移动不稳等不正确作业操作行为，增加坠落的风险。③操作人员体力不足、过度疲劳或患有疾病，可能导致反应能力下降、平衡能力减弱，增加高处坠落的风险。④高处作业人员缺乏适当的培训和技能，无法正确使用安全设施、判断风险、采取适当的防护措施，会增加高处坠落的风险。⑤有无移动式设备和机械在高处作业区域附近操作、是否有其他工人或车辆在高处作业区域内活动等动态因素可能增加高处坠落的风险。

2. 管理因素：①施工现场没有专门的监督人员负责监督高处作业，未制定规范的工地管理制度和操作规程等。②高处作业未设置防护栏杆、上下通道、安全网、安全带和安全绳等安全防护措施。

3. 环境因素：①工作平台的稳定性、工作区域的通风情况、存在的障碍物等都会直接影响高处作业的安全性。②强风、降雨、雪、冰等恶劣天气条件会增加工人在高处坠落的风险，高温或极寒条件也可能对工人的体力和注意力产生负面影响。

三、风险控制措施

1. 人员设备因素防范措施：①从事高处作业人员要定期体检，发现有不宜登高的病症不得从事高处作业，严禁酒后高处作业。②作业人员不得穿硬底易滑鞋。③建立合适的工作时间和轮班制度，以减少工人的疲劳程度，确保工人有足够的休息时间，并避免长时间连续作业。④确保使用的连接件、螺栓、支撑脚等支撑结构符合标准和规范要求，并具备足够的稳定性和承载能力，定期进行检查和维护。提供防护栏杆、安全网等防护装置，以防止工人意外坠落。

2. 管理因素防范措施：①为高处作业人员提供高处作业的风险认识、安全操作规程、个人防护装备的正确使用等内容的全面安全培训和教育，确保作业人员了解高处作业的风险，增强安全意识，提高安全技能。②设立专门的安全监督人员，负责监督高处作业的执行和安全措施的落实。③建立健全安全管理制度，包括安全检查、安全会议、事故报告等。④建立畅通的沟通渠道，鼓励工人提出安全问题和建议。

3. 环境因素防范措施：①保持作业平台整洁、平整，清理障碍物，设置明显的警示标志，确保工作区域的安全。②在需要高处作业的区域，采取防滑措施，如安装防滑地板、使用防滑垫等，以减少工人在高处作业时的滑倒风险。③在高处施工区域设置牢固的防护栏杆和围挡，以阻止工人无意中靠近边缘或掉落。④在施工现场明显的位置设置安全标志和警示标志，警示工人注意高处作业的风险，包括指示禁止靠近边缘、提醒佩戴个人防护装备等标志，未经允许严禁私自拆除安全警示标志。⑤高空作业地点如有冰块、霜雪须打扫干净，并采取防滑措施，遇有六级以上大风天气以及暴雨、雷电、大雾等天气应立即停止作业。

第十节　临时设施机械伤害典型风险

一、事故案例

2006年6月18日，某公司桥梁工地发生了一起搅拌机致人死亡的机械伤害事故。事故发生时，电焊工黄某在没有关闭配电盘空气开关、没有悬挂"有人作业、禁止合闸"警示牌的情况下，进入搅拌机内进行电焊作业，工地聘用的维修工韩某误认为搅拌机已经修好，在没有检查是否有人在维修搅拌机的情况下，就启动了搅拌机上的开关，这时听到有人呼喊："搅拌机内有人！"韩某急忙关掉开关，这时黄某已经被绞在搅拌筒内，胸部受严重挤压伤害，最终不治身亡。该次事故的主要原因是工人安全意识差，在没有做好警示的情况下违章作业，同时也反映了施工现场管理混乱，未进行作业前的安全技术交底，也未在现场设置专人监督。

二、风险分析

1. 设备因素：①搅拌设备。核心设备是搅拌机，它通常由电动机、搅拌罐、传动系统等组成。例如，搅拌机的旋转部件可能造成夹伤或碰撞伤害。②输送设备。在施工过程中，可能使用各种输送设备，如输送带、螺旋输送机、斗式提升机等。例如，输送带的松动或断裂可能导致夹伤或拉伤伤害，螺旋输送机的旋转部件可能造成夹伤或缠绕伤害。③起重设备。在施工过程中，常常需要使用起重设备来搬运重物，如起重机、吊车、叉车等。例如，起重机的起重钩或吊具可能掉落造成打击伤害，叉车的碰撞或侧翻可能导致压伤或撞击伤害。④施工工具。在搅拌站等临时设施的施工过程中，还会使用各种施工工具，如电动工具、手动工具、焊接设备等。例如，电动工具的旋转部件可能造成切割或夹伤伤害，焊接设备的火花可能引发火灾或烧伤等。⑤辅助设备，如发电机组、空压机、水泵等。例如，发电机组的运转部件可能造成夹伤或碰撞伤害，水泵的高压水流可能导致喷射伤害。⑥没有进行设备的定期维护和保养，或者忽视设备的故障和异常，导致设备运行不稳定，易发生故障或危险情况，增加机械伤害的风险。

2. 施工管理因素：①操作人员缺乏必要的技能和知识，或者没有接受过足够的培训，就有可能不熟悉设备的操作规程，忽视安全警示标志，或者采取跳过安全步骤、超负荷操作等不安全的操作方式。②操作人员长时间工作缺乏休息、警觉性和反应能力降低、注意力分散、精力不足也容易导致操作失误，增加机械伤害的风险。③不正确佩戴安全帽、防护服、护目镜等个人防护装备。④缺少禁止入内、高度限制、禁止靠近等相应的安全警示标志。⑤没有专门的安全管理人员负责监督施工现场的安全情况。

3. 环境因素：①临时设施的工作场所可能存在空间狭窄、设备密集等情况，增加工作人员在操作和移动过程中发生机械伤害的风险。②设备摆放不当、缺乏安全间隔、存在尖锐的边缘或突出部件等，导致工作人员在操作过程中受伤。③强风、暴雨等恶劣的天气条件可能导致设备不稳定、操作困难，增加机械伤害的风险。在低温条件下，设备和工具材料性能可能变差，容易发生断裂或损坏。④工作场所随意堆放材料、工具、废弃物等，增加机械伤害的风险。⑤照明和能见度不足，增加机械伤害的风险。

三、风险控制措施

1. 设备因素防范措施：①制订并执行设备的定期维护计划，包括检查、维修和更换磨损部件等，确保设备处于良好的工作状态。②选择符合安全要求的设备，设备设计符合相应的标准和规范，安全保护装置、紧急停止按钮等安全功能齐全，以减少机械伤害的发生。

2. 施工管理因素防范措施：①制定详细的安全操作规程，规程应包括设备的正确使用方法、操作步骤、个人防护装备的佩戴要求等内容，确保所有操作人员严格遵守，以降低机械伤害的风险。②为所有操作人员提供设备操作技能、安全意识培养、紧急情况应对等全面的培训和教育，确保操作人员了解和掌握正确的操作方法和安全措施。③建立有效的安全监督和管理机制，由专门的安全管理人员负责监督施工现场的安全情况。定期进行安全检查、隐患排查和安全巡视，及时纠正存在的安全问题。④在临时设施周围设置禁止入内、高度限制、禁止靠近等明显的安全标志和警示标志，以提醒人员注意安全，加强对危险区域的管控。

3. 环境因素防范措施：①在设计和规划临时设施时，应考虑工作场所的布局和空间限制，确保足够的操作空间和安全间隔。②确保设备之间的安全间距和安全防护装置的安装，减少人员与设备的接触。③保持工作场所的整洁，及时清除杂物、废弃物和障碍物，确保工作区域内没有任何可能导致绊倒、碰撞和摔倒的障碍物。④确保工作场所有足够的照明设备，特别是在夜间施工或光线较暗的情况下，提供合适的照明设备，以提高能见度。

第二章　桥梁工程

桥梁工程施工主要包括下部结构、上部结构、桥面系及附属设施三个分部工程施工。下部结构施工主要包括基础、承台、墩台三个分项工程施工，上部结构施工主要包括桥跨结构施工，桥面系及附属设施施工主要包括桥面铺装、伸缩缝安装、机电照明、栏杆四个分项工程施工。

第十一节　钻孔灌注桩施工机械伤害典型风险

一、事故案例

2022年3月3日，广州市白云区龙归街辖内广州新白云国际机场第二高速公路南段工程SG01项目38-2号桥墩施工点发生一起机械伤害事故。事故直接原因是旋挖钻机因回转轴承螺栓磨损严重造成机身后部突然向上抬起，机身与底盘分离，机身连同桅杆、钻杆等向左侧翻于鹤龙四路由南往北方向右侧机动车道及临时非机动车通道，桅杆鹅头砸中一辆过往小型汽车右侧引擎盖及前挡风玻璃，部分从机身上掉落的零散物件砸中在斑马线上过马路的行人，事故造成2人轻伤，5人轻微受伤。

二、风险分析

1. 设备因素：①基础不牢固、支腿未正确伸展、支撑结构损坏或松动等导致设备不稳定。②液压系统故障，如液压系统失效、管路泄漏等。③转台问题、钻头故障等机械部件损坏。④操作人员过载使用旋挖钻机，使其承受超过其额定负荷的工作。⑤不当维护，缺乏定期维护和保养，导致设备性能下降和出现故障。⑥设备安装不当或不稳固，导致机器失去平衡。⑦选择不合适或低质量的配件，影响设备的稳定性和性能。⑧设备设计存在缺陷，如重心不稳、结构强度不足等。

2. 人员因素：①操作不当，操作人员对旋挖钻机的操作技能和安全意识不足，未按照正确的操作程序进行工作。②不合理的工作安排，人员安排不合理导致操作人员疲劳或工作压力过大，影响其专注度和决策能力。③现场工作人员之间沟通不畅或配合不力，导致操作不协调或信息传递不及时。④安全意识不强，人员对安全意识的重要性认识不足，对危险行为或违反安全规定的行为容忍度高。⑤缺乏紧急应对能力，面对突发状况或紧急情况，不能及时有效应对解决。

3. 环境因素：①地质条件不稳定，如软弱土层、松散地层、含水层等，容易导致旋挖钻机失稳。②工作场地的地面不平或过于陡峭，使旋挖钻机无法保持平衡。③施工现场空间狭小、有建筑物或其他障碍物存在，限制了旋挖钻机的操作空间和稳定性。④恶劣的天气条件，如强风、暴雨、大雪等，对旋挖钻机的稳定性和操作安全性产生不利影响。⑤周边环境的不稳定因素，如邻近工地、振动源等，可能对旋挖钻机的稳定性产生影响。

三、风险控制措施

1. 设备因素防范措施：①确保机器在稳固的基础上操作，正确伸展支腿并进行支撑结构的定期检查和维护。②定期检查液压系统的工作状态，及时修复泄漏，确保系统正常运行。③定期检查机械部件的工作状态，及时更换损坏的部件。④确保操作人员了解和遵守旋挖钻机的负荷限制，严禁超负荷操作。⑤建立维护计划，定期检查和维护设备，保持设备工作状态良好。⑥按照制造商的指导进行正确的设备安装，并确保安装牢固可靠。⑦选择符合规范和质量要求的配件，并进行配件的定期检查和更换。⑧选择经过合理设计和检验的设备，并遵循制造商的操作指南。

2. 人员因素防范措施：①进行全面的操作培训，确保操作人员熟悉旋挖钻机的操作要求，并严格遵守操作规程。②合理安排工作时间和休息时间，避免长时间连续操作，以及提供足够的人员支持。③建立良好的沟通机制，确保信息传递畅通，协调各方工作，以减少操作上的误解或冲突。④进行安全培训和教育，提高人员对安全风险的认识，强化安全意识，促使他们始终将安全放在首位。⑤进行紧急情况演练和培训，提高人员的紧急情况应对能力，使其能够在关键时刻迅速采取正确的行动。

3. 环境因素防范措施：①进行地质勘查和评估，选择合适的施工方法和机械设备，采取加固措施，如土方支护等。②在施工前对工作场地进行评估，选择平坦稳固的场地，必要时进行地形修整或采取支撑措施。③在施工前评估现场空间，确保有足够的操作空间，移除或合理调整障碍物，确保旋挖钻机可以安全操作。④关注天气预报，避免在恶劣天气下进行施工，采取相应的防护措施，如加固设备、设置风雨遮挡物等。⑤在施工前了解周边环境情况，与相关方沟通协调，采取必要的防护和补偿措施，如设置挡土墙、减振措施等。

第十二节　沉井施工模板坍塌典型风险

一、事故案例

2021年6月22日，中交二公局第二工程有限公司龙潭长江大桥工程南京栖霞区境内南锚碇建设工地发生一起模板坍塌事故。事故原因为在沉井第九节接高施工过程中，在未设置缆风绳和型钢桁架的情况下，提前割断沉井西侧和北侧钢筋节段内的劲性骨架立柱支腿，造成西侧长73m、高7m的模板和钢筋节段平面外稳固性严重不足，在当时水平风荷载（东南向阵风与坍塌方向一致）与偏心荷载（悬挑操作平台作业人员荷载）的作用下，发生顺风向先西侧向外、后连带南北侧向内的整体倾覆坍塌，事故造成3人死亡，12人受伤。

二、风险分析

1. 设计因素：①沉井模板的结构设计不合理，导致模板无法承受施工力和土压力。②支撑系统的设计不合理,如材料选择不当、连接方式不牢固等,无法提供足够的支撑力和稳定性,导致模板失稳。③对沉井模板周围土体的土压力估算不准确,导致模板设计不足以抵抗土压力的作用。④未充分估算施工过程中的荷载,如起重机械、混凝土运输等荷载,导致模板承受能力不足。

2. 施工因素:①在施工过程中,如果不按照合理的顺序进行,比如提前拆除支撑或未及时加固,会导致模板失去稳定性。②在沉井施工中,未有效处理水土问题,如排水不畅或未采取合理的防水措施,会导致土壤流失或水压过大,进而引发模板坍塌。③施工人员在操作过程中,如起重机械操作不当、模板安装不规范等,可能导致模板受力不均衡或连接松动,从而引发模板坍塌。④当施工过程中超过模板和支撑系统的承载能力,如过大的挖掘深度或超重的施工设备,会导致模板失稳或支撑系统失效。⑤使用质量不合格或损坏的模板材料,会降低模板的承载能力和稳定性。

3. 环境因素:①施工区域的地质条件不稳定,如土壤松散、岩层断裂等,会导致模板失去支撑力和稳定性。②施工区域的水文条件不利,如高地下水位、强水流等,会增加模板承受水压力的风险,导致模板坍塌。③自然灾害如地震、泥石流、洪水等,会对施工区域造成严重的冲击和破坏,导致模板失稳或破坏。④天气因素如强风、暴雨等,会对施工现场产生影响,增加模板受力和失稳的风险。⑤施工现场周围存在环境振动源,如机械振动、交通振动等,会对模板产生振动力,进而影响模板的稳定性。⑥施工现场周边的其他施工活动,如邻近建筑物的施工、地下管线的施工等,可能会对模板产生影响,增加模板失稳的风险。

三、风险控制措施

1. 设计因素防范措施:①进行合理的模板结构设计,选择适当的材料,确保模板具有足够的强度和刚度。②进行支撑系统的详细设计和计算,确保支撑系统能够承受土压力和施工力,并采用合适的支撑材料和结构。③进行土压力的详细计算和估算,考虑土体的特性、水分条件等因素,并采用合适的安全系数进行设计。④对施工过程中的各项荷载进行详细估算和计算,确保模板能够承受荷载并保持稳定。

2. 施工因素防范措施:①在施工前制定详细的施工方案,确保按照正确的顺序进行施工，并严格遵守方案要求。②合理安排排水措施，确保施工区域的水土平衡，并采取适当的防水措施，如加设排水管道或进行防水处理。③加强施工人员的培训和指导，确保他们具备正确的操作技能，并执行严格的操作规范和安全检查。④进行详细的承载能力计算和评估，确保施工过程中不超过设计和设备的限制，同时加强对施工荷载的监测和控制。⑤选择符合规范要求的高质量模板材料，并进行严格的质量检查和验收，确保材料符合设计和施工要求。

3. 环境因素防范措施：①进行详细的地质勘查和工程地质评价，了解地质条件，采取合适的加固措施，如地下注浆加固、钢筋混凝土加固等。②进行详细的水文勘察和水文分析，采取合适的排水措施，降低地下水位，控制水流速度，确保施工区域的水文条件稳定。③进行地质灾害评价，选择合适的施工时机和施工方式，加强结构设计和加固措施，提高模板的抗震和抗灾能力。④根据气候条件合理调整施工计划，加强现场管理，确保模板的固定和稳定，采取防风、防水等措施，保护施工现场的安全。⑤评估环境振动源对施工现场的影响，选择合适的施工时机和方法，采取减振措施，如设置振动隔离设备或采用减振材料。⑥与周边施工单位进行协调，确保施工活动之间的安全距离和协同施工，采取必要的保护措施，如设置防护墙、加固模板等。

第十三节　基坑施工坍塌典型风险

一、事故案例

2023年2月25日，安徽省涡阳县涡南镇亳蒙高速二期LJ-03标中交一公局集团有限公司混凝土搅拌站发生一起基坑坍塌事故。事故主要原因是基坑开挖施工过程中突遇地下水，流沙突涌，导致基坑出现塌方，事故导致3人死亡，4人受伤。

二、风险分析

1. 设计因素：①基坑尺寸设计不合理会导致基坑结构受力超过承载能力，

引发坍塌。②支护结构的设计不足会导致基坑土体失稳和坍塌。③土体侧向抗力不足会导致基坑土体失稳和坍塌。④地下水位较高或水压较大会对基坑稳定性构成威胁,增大基坑坍塌风险。

2. 施工因素:①不规范的土方开挖操作可能导致基坑失稳和坍塌。②支护结构施工不当会导致基坑结构强度不足,无法承受土压力和水压力,从而引发坍塌。③基坑周围存在高地下水位或水压较大的情况,如果排水系统设计不完善或操作不当,会导致基坑失稳和坍塌。④基坑边坡保护不到位会导致坡面失稳,引发坍塌。⑤使用质量不合格的材料会导致基坑支护结构的强度和稳定性不足,增加基坑坍塌的风险。⑥施工现场管理不善可能导致施工过程中的安全隐患和操作失误,进而影响基坑的稳定性。

3. 环境因素:①施工中使用重型机械或施工爆破等操作会产生振动,对基坑结构和周边土体造成不利影响。②在施工过程中,环境因素的变化,如降雨、地震等,可能对基坑稳定性产生影响。

三、风险控制措施

1. 设计因素防范措施:①进行详细的地质勘查和工程地质评价,确定合适的基坑尺寸,确保基坑的稳定性和安全性。②进行合理的支护结构设计,如钢支撑、混凝土墙、挡土墙等,以提供足够的抗力和刚度来抵抗土压力,确保基坑的稳定性。③增加土体侧向抗力,采取加固措施,如地下注浆、加固桩等,提高土体的稳定性和承载能力。④进行详细的水文调查和水文分析,采取合适的排水和防水措施,如设置抽水井、加设防水层等,降低地下水位和水压,确保基坑的稳定性。

2. 施工因素防范措施:①合理安排土方开挖顺序和方法,遵循适当的坡度和边坡要求,及时清理松土,确保土方开挖的稳定性。②进行详细的支护结构施工方案设计,合理选择支护材料和施工方法,确保支护结构的正确安装和稳固。③进行详细的水文调查和水文分析,合理设计和设置排水系统,包括抽水井、排水管道等,及时排除地下水,降低地下水位和水压。④根据地质条件和设计要求,进行合理的边坡保护设计,采取加固措施,如喷锚、护面板等,确保基坑边坡的稳定性。⑤严格控制材料的质量,确保材料符合相关标准和规范要求,进行必要的检测和验收。⑥加强现场管理和安全监督，制定施工安全管理制度，培训施工人员，确保施工过程中的安全操作和施工质量。

3. 环境因素防范措施：①合理安排施工序列，采取减振措施，如使用减振器、降低爆破药量等，控制振动对基坑的影响。②设置排水系统，确保及时排除积水，降低地下水位和水压，加强边坡保护，确保基坑的排水能力和稳定性。③进行地震安全评估，采取适当的抗震设计和加固措施，如增加支护结构的稳定性和刚度，确保基坑能够抵抗地震影响。

第十四节　围堰工程施工坍塌典型风险

一、事故案例

2012 年 10 月 12 日，重庆市丰都县在建的重庆丰都长江二桥 4 号桥墩发生一起围堰施工坍塌事故。事故直接原因是围堰施工的分部分项工程的程序规定存在严重缺陷，围堰结构与构造不合理，围堰结构应力超限，稳定性安全储备不足，在水压力作用下，钢围堰在隔舱混凝土顶部位置突发断裂，整体断裂向上游倾覆，造成在围堰中作业的 10 名工人和岸边 1 名群众死亡，2 人受伤。

二、风险分析

1. 土质水文因素：①土体的抗剪强度不足，围堰在水压的作用下容易发生破坏和坍塌。②黏土等部分土体具有较大的压缩性，施工过程中可能出现土体沉降或变形，导致围堰结构失稳。③土体含水量过高或过低可能导致土体失稳，导致围堰坍塌。④水流速度过大会产生较大的水压力，对围堰结构施加巨大的力量，可能导致围堰失稳和坍塌。⑤水位的剧烈变化会给围堰施工带来挑战，可能导致围堰结构失稳。⑥在海岸或湖泊等波浪较大的区域，波浪的冲击会对围堰结构造成巨大的影响，导致坍塌风险增加。

2. 施工因素：①围堰材料安装不牢固，直接影响围堰结构的稳定性，容易导致围堰坍塌。②施工过程中的施工顺序错误，导致围堰结构失稳，无法承受水压力，进而导致坍塌。③焊接不牢固、连接处漏水等围堰施工质量不合格，会直接导致围堰结构的稳定性受到威胁。

3. 环境因素：①围堰所处水域有船只通过，船只的碰撞可能对围堰结构造成冲击，导致坍塌。②地震、洪水、滑坡等地质灾害易对围堰结构产生破坏，增加坍塌风险。

三、风险控制措施

1. 土质水文因素防范措施：①在施工前进行土质勘察和分析，了解土壤的性质和变化规律，根据土壤类型选择合适的围堰材料和施工方法，在土壤强度较低的区域，采取土体加固措施，如灌浆加固、加设支撑等。②在施工前进行土壤压缩性的测试，了解土壤的压缩特性，根据土壤的压缩性特点，合理设计围堰结构和施工方法，控制施工过程中的压实度，避免过度压实导致土体压缩。③在施工前进行土壤水分含量的测试，确保土壤处于合适的含水状态，通过排水、降水或灌水等措施控制土壤的水分含量，在施工过程中，根据土壤的水分变化及时调整施工步骤和控制措施。④通过引导水流、设置阻流物等措施降低水流速度，在围堰结构设计过程中考虑水流速度的影响，增加结构的抗冲击能力，根据实际情况调整围堰的高度和稳定措施，以适应水流速度的变化。⑤监测水位变化，包括水位的上升、下降以及潮汐等情况，根据实际情况调整围堰的高度和稳定措施，确保围堰的抗水位变化能力，在水位变化较大的情况下，采取优化围堰结构的措施，如增加加固材料、加设支撑等，提高围堰的稳定性。⑥在设计围堰结构时考虑波浪冲击力的影响，增加结构的抗冲击能力，加强围堰的结构设计，采用抵抗波浪冲击的材料和形状，提高围堰的稳定性，在波浪较大的区域，加强围堰的巡查和维护，及时修复破损部分，确保围堰的完整性。

2. 施工因素防范措施：①对施工人员进行培训，确保他们熟悉正确的施工方法和操作规程，严格按照设计要求进行围堰材料的安装和固定，确保围堰的结构稳定性，在施工过程中进行监督和检查，及时发现和纠正施工操作过程中的问题。②制订合理的施工计划，确保施工顺序的合理性，在施工前进行充分的规划和准备工作，明确施工步骤和顺序，在施工过程中进行监督和检查，确保施工按照规定的顺序进行。③建立施工质量管理体系，确保施工过程中的质量控制，对施工人员进行培训，提高其施工技能，增强其质量意识，进行施工质量检查和验收，确保围堰的施工质量符合要求。

3. 环境因素防范措施：①在设计围堰时考虑船只碰撞的可能性，提高围堰的抗碰撞能力，设置警示标志、导航设施等，引导船只安全通行，减少碰撞风险，在围堰附近设置防护措施，如防撞墩、防护网等，减轻碰撞造成的冲击。②进行地质勘查和地质灾害评估，了解围堰工程所处地区的地质情况，根据地质灾害的特点，采取相应的防治措施，如加固土层、设置护坡、排除地下水等。

第十五节　钢箱梁倾覆典型风险

一、事故案例

2020年11月10日，四川省叙永县正东镇境内在建的叙威高速公路TJ1标段普占互通发生一起钢箱梁倾覆事故。事故主要原因为工程技术负责人违章指挥，违反《专项方案》设计工序组织桥面系护栏施工，造成外圆弧钢箱梁倾覆力矩超出稳定力矩，导致钢箱梁失稳倾覆。事故造成3人死亡，5人受伤。

二、风险分析

1. 设计因素：①静态荷载、动态荷载和临时荷载等设计荷载估计不准确，荷载组合不合理或者未考虑到实际的使用情况，可能导致钢箱梁超载或失稳。②整体稳定性和局部稳定性的设计不满足结构的稳定性要求，结构不稳定或存在严重的构造缺陷，可能导致钢箱梁倾覆。③材料选择不当或者强度设计不符合实际要求，可能导致钢箱梁的强度不足或失效。④几何形状设计也会影响其稳定性和承载能力，几何形状设计不合理，可能导致钢箱梁局部应力集中或整体结构失衡。

2. 施工因素：①施工荷载超限，施工过程中施加在钢箱梁上的临时荷载超过了其承载能力，导致梁失稳或倾覆。②施工过程中不合理的施工顺序和过程控制导致钢箱梁失衡或不稳定。③施工过程中存在焊接缺陷、连接不牢固等质量问题,导致钢箱梁失效或倾覆。④钢箱梁起吊和安装过程中不按规范操作,导致钢箱梁失稳或倾覆。

3. 环境因素:①强风、水流等可以对钢箱梁施加横向力,导致其倾覆。②土壤松散、地基沉降等不稳定的地质条件,可能导致钢箱梁倾覆。③暴雨、冰雪等恶劣的天气条件,可能对施工现场造成不利影响,增加钢箱梁倾覆的风险。④大型机械设备、爆破等施工过程中的振动,可能对钢箱梁的稳定性产生不利影响。

三、风险控制措施

1. 设计因素防范措施:①确保设计荷载准确可靠,根据相关规范和标准进行荷载计算和荷载组合,考虑各种工况和不同荷载组合情况,确保设计的钢箱梁承载力足够。②确保钢箱梁的整体结构具有足够的稳定性,设计时考虑梁的截面形状、剪力连接、支座的选取等因素,采用合适的构造材料和合理的构造方式,确保梁的整体刚度和稳定性,进行结构分析和计算,评估梁的失稳风险,并根据分析结果进行必要的结构调整或加固。③根据设计要求和使用环境,选择合适的材料,并确保材料的质量和性能符合相关标准和规范,进行强度设计和计算,确保钢箱梁在承受预期荷载时具有足够的强度和刚度,采用合适的材料加工和焊接工艺,确保连接部位的强度和可靠性。④设计合理的几何形状,避免梁的截面过于复杂、尺寸过大或过小,考虑梁的几何形状对应力分布和刚度的影响,进行适当的优化设计,通过结构分析和计算,评估梁的应力分布和变形情况,并根据评估结果进行必要的调整和加固。

2. 施工因素防范措施:①在施工前进行荷载计算和评估,确定合理的施工荷载范围。严格控制施工现场的荷载情况,确保不超过梁的承载能力。使用合适的起重设备和工具,确保施工过程中的荷载均匀施加。在必要时采取加固措施,如设置临时支撑或增加临时加固材料。②制定合理的施工方案和工序计划,确保施工过程的稳定性和平衡性。按照从稳定的支点向不稳定的支点逐步支撑的原则进行施工,在支撑过程中,根据实际情况进行支点的调整和加固,确保支撑的稳定性和安全性。根据设计要求和施工实际情况,合理安排施工顺序和作业步骤,避免不必要的施工变形和不平衡。加强施工现场的管理和监督,确保施工过程符合规范和要求。定期进行施工质量检查和评估，及时发现和纠正施工偏差。③严格按照相关规范和标准进行施工操作，并加强施工过程的质量控制。对焊接接头进行质量检测和评估，确保焊缝的质量符合规范要求，如使用无损检测技术进行焊缝质量评估。加强连接点的检查和固定，确保连接的牢固性和可靠性，如采用合适的螺栓紧固和焊接工艺。加强施工人员作业能力培训，保证施工技术水平和经验。④使用合适的起重设备和工具，确保其承载能力和稳定性，如吊车、吊臂等。按照起吊计划和操作规程进行起吊，确保梁的平稳起吊和悬挂。在起吊和安装过程中，确保吊点的正确选择和布置，避免集中应力和不平衡。使用合适的固定和支撑装置，确保梁的稳定安装和固定。

3. 环境因素防范措施：①在施工前，根据当地气象数据评估风力等级，确保在风力较强的情况下停止施工。在施工现场设置风速监测设备，实时监测风力情况，并采取加强固定等必要的措施。设置水位监测设备，实时监测水位变化，并采取加固支撑、调整施工进度等措施。②在施工前进行地质勘查，评估地质条件，并根据评估结果制定相应的施工方案。采取加固地基、使用加固材料等加固措施，提高钢箱梁的稳定性。③根据天气预报及时调整施工计划，避免在恶劣天气条件下进行施工。加强施工现场排水系统的设计和建设，确保施工现场排水畅通，减少积水风险。④在施工前进行振动评估，采取必要的措施降低振动影响，控制施工设备的振动，采用减振支座、减振垫等减振措施。

第十六节　现浇梁坍塌典型风险

一、事故案例

2020年9月10日，云南省红河州元阳县的在建元蔓高速公路芒杏河1号大桥右幅8号墩连续刚构第17节段发生一起现浇梁坍塌事故。现浇梁段完成预压后，于上午开始浇筑混凝土，浇筑时采用吊车吊运，人工配合放料浇筑，浇筑顺序为由悬臂端浇筑至根部，先浇筑底板，再浇筑腹板，最后浇筑顶板。浇筑完成后，留下4名工人进行顶面收浆抹面时，现浇段突然坍塌，现场施工的4名工人随同浇筑的第 17 节段现浇梁从托架上倾覆坠落至墩柱下方坡面后又滑落至 8 号墩脚旁。事故造成 2 名工人当场死亡，2 人失踪。事故直接原因是施工过程中未严格按照专项方案施工。未将横向分配梁与托架直接焊接，施工中在横向分配梁与托架之间增设砂筒，砂筒上下两端分别点焊连接托架与横向分配梁，致使托架之间横向约束不足，托架整体稳定性差；托架下支点穿心棒实际施工未按施工方案要求稳固连接，轴向运动约束不足。加之由于连日降雨，7 号过渡墩盖梁上支撑模板的砂垫层浸水，且部分流失，底模部分脱空，导致直接支撑在上面的后端现浇梁体重心前移，荷载向左侧集中，造成左侧第 1 榀托架下支点与穿心钢棒焊接部位脱落，托架压曲变形，引发 4 榀托架全部失稳，模板支架及现浇梁段整体向左侧倾覆坍塌。

二、风险分析

1. 砼质量因素：①水灰比过高或过低、骨料粒径不合适等混凝土配合比设计不当，配合比设计不合理，可能导致混凝土强度不足或耐久性差，无法承受设计荷载而坍塌。②水泥、骨料、掺合料等原材料质量不合格或掺杂有害物质，直接影响混凝土的强度和耐久性，可能导致混凝土质量不稳定，容易发生坍塌。③未经允许或控制下掺入添加剂、外加剂等不当的材料，可能对混凝土性能产生不良影响，导致混凝土质量不稳定。④混凝土坍落度是指混凝土的流动性和可塑性，过高或过低的坍落度都可能导致混凝土在施工过程中出现质量问题，如离析、偏干或过于松散，影响混凝土的密实性和强度。⑤混凝土浇筑过程中的质量控制不严格，影响混凝土质量的稳定性和一致性，易发生坍塌。

2. 施工因素：①混凝土在浇筑过程中出现不均匀或出现堆积现象，可能导致现浇箱梁局部负荷过大而坍塌。②钢筋作为现浇箱梁中承受荷载的主要支撑结构，如果钢筋安装不规范、位置偏移或连接不牢固，可能导致现浇箱梁失去承载能力而坍塌。③机械设备、邻近施工或交通等引起的施工现场可能存在振动或冲击的因素，可能对现浇箱梁的稳定性产生不利影响，导致坍塌风险增大。④混凝土浇筑过快、振捣不均匀、浇筑缝隙处理不当等施工操作不规范，可能导致现浇箱梁质量问题，导致坍塌风险增大。

3. 模板支撑体系因素：①模板支撑结构设计不合理，设计不满足施工荷载要求和稳定性要求，可能导致模板支撑体系不稳定，无法承受混凝土浇筑过程中的荷载而发生坍塌。②模板焊接连接不牢固、支撑点设置不当等支撑结构的施工质量问题导致其稳定性不足，导致现浇箱梁坍塌。③在施工过程中，对模板支撑结构调整或拆除不当，可能导致模板支撑体系失稳，造成现浇箱梁坍塌。④模板支撑结构所使用的钢材强度不足、木材疲劳损伤等质量不合格或不符合要求，可能导致模板支撑体系失稳。⑤支撑不稳定、脚手架设计不合理或施工不当，可能导致现浇箱梁失去支撑而坍塌。

三、风险控制措施

1. 砼质量因素防范措施：①根据工程设计要求和相关规范，合理制定混凝土配合比。选择符合要求的水泥、骨料和掺合料，并按照正确的比例进行配制。进行混凝土试块试验，验证配合比的适用性和混凝土强度的合格性。②选择正规供应商提供的符合标准要求的水泥、骨料和掺合料。定期对原材料进行质量检测，确保其符合规范要求。严格控制材料的存储和使用，避免混凝土受到污染或掺杂有害物质。③严格按照设计要求和相关规范使用允许的掺合材料、添加剂和外加剂。对掺合材料和添加剂进行质量检测，确保其符合规范要求。控制掺合材料和添加剂的用量，避免超出设计要求。④根据设计要求和相关规范，合理控制混凝土的坍落度范围。在施工过程中进行坍落度检测，确保混凝土的坍落度符合要求。采取适当的施工工艺和措施，如调整配合比、振捣等，使混凝土能够达到充分的密实性。⑤浇筑速度和浇注高度：控制混凝土的浇筑速度和浇注高度，避免过快或过高造成浆液分离或坍塌。振捣质量和时间：确保振捣设备的质量良好，并按照规范要求进行振捣操作，以保证混凝土的密实性。浇筑温度和养护：控制混凝土的浇筑温度，避免过高或过低，同时采取适当的养护措施，保持混凝土的湿润状态，以促进混凝土的强度发展和耐久性。定期进行混凝土强度和质量的检测，以确保其符合设计和规范要求，包括进行混凝土试块试验、采样检测、强度评估等。

2. 施工因素防范措施：①合理安排混凝土的浇筑顺序和方法，确保均匀分布和充实。控制混凝土的浇筑速度和浇筑高度，避免过快或过高造成混凝土堆积或分离。在浇筑过程中使用振捣设备，提高混凝土的密实性和均匀性。②严格按照设计要求进行钢筋的加工、安装和连接。加强对钢筋加工和连接的质量检查，确保符合规范要求。定期进行钢筋的检测和监测，发现问题及时纠正。③对施工设备进行合理布置和调整，降低振动对现浇箱梁的影响。在振动或冲击较大的施工区域采取防护措施，如采用振动隔离垫等。加强现浇箱梁的监测，及时发现振动或冲击引起的问题，采取相应措施进行修复。④培训施工人员，提高其操作技能，增强其质量意识。制定详细的施工工艺和操作规范，确保施工按照规范进行。进行施工过程的监督和检查，发现问题及时纠正。

3. 模板支撑体系防范措施：①在施工前，进行详细的模板支撑结构设计，确保其稳定性和安全性。严格按照设计要求制作和安装模板支撑结构。加强对模板支撑结构的检查和监测，确保其符合设计要求。②加强对模板支撑结构施工过程的监督和检查，确保焊接连接牢固可靠。严格按照设计要求设置模板支撑点，并确保支撑点的稳定性和可靠性。对模板支撑结构进行质量检测，如焊缝检测等，确保其质量符合规范要求。③制定详细的模板支撑结构调整方案，确保调整过程稳定可控。严禁随意调整或拆除模板支撑结构，必要时应进行合理的支撑和加固。在模板支撑结构调整过程中加强监测，及时发现和处理问题。④选择符合规范要求的模板支撑结构材料，并进行质量检测。加强对模板支撑结构材料的验收和监督，确保其质量合格。定期检查和维护模板支撑结构材料，发现问题及时更换或修复。⑤根据现浇箱梁的结构特点和设计要求，制定合理的支撑和脚手架搭设方案，确保支撑和脚手架的稳定性和承载能力满足要求。定期检查支撑和脚手架的状态，发现问题及时修复或更换。

第十七节　桥墩、盖梁下部结构施工高处坠落典型风险

一、事故案例

1. 2020 年 5 月 27 日，峨汉高速 1-2-1 分部建设项目 K12+150 严寺坝大桥 3 号墩处发生一起高处坠落事故。涉事企业按照施工计划，安排作业人员潘某等 11 名工人对峨汉高速严寺坝大桥桥墩盖梁模板进行拆除。潘某在 3 号墩盖梁北

侧作业，在拆除盖梁侧模板过程中，位于北侧的 2 号、3 号模板与盖梁脱离，2 号模板产生的横向推力造成作业防护平台失稳，潘某随模板、防护平台一同从高约 18m 平台坠落到地面，造成 1 人死亡。

2. 2019 年 7 月 11 日，玉溪市澄江至江川高速公路建设项目第一工区禄充立交 EK0+880 桥左幅 4 号墩柱模板拆除过程中发生一起高处坠落事故。涉事人员在墩柱模板作业平台上进行模板安装和拆除工作。首先在原有的一、二、三节段模板上方安装了第四节段模板，随后吊拆第一节横桥向左右侧两块模板，11 时 30 分许开始吊拆大里程侧第一节纵向模板，施工人员取掉该模板的手动葫芦，当该模板还未起吊离开墩身时，其他模板整体突然向下滑落，墩身上全部钢模板及 4 名作业人员随模板一起坠落至地面。事故造成 3 人死亡，1 人重伤。

二、风险分析

1. 操作平台失稳因素：①操作平台设计不规范不合理，荷载计算不明确，造成超载。②施工人员未按照专项方案进行搭建，缺少必要的连接件、平衡支撑等部件，造成局部或者整体失稳。③脚手架材料和构件存在缺陷或损坏等质量问题。④脚手架基础不牢，出现地基沉降、松动等问题导致地基承载力不足。

2. 人员因素：①未接受相应教育培训和技术交底，不熟悉高空作业流程。②个人安全防护意识不强，未按要求正确佩戴安全带、安全绳等防护设备。③习惯性违规违章作业，违反高空作业流程。

3. 现场管理因素：①缺乏安全有效的现场安全管理制度。在施工区域未设置合适的安全围挡或防护栏杆，限制未授权人员进入。②安全网等水平防护措施不足。

三、风险控制措施

1. 操作平台失稳因素防范措施：①选择符合标准和规范的脚手架设计方案，确保结构稳固。确保设计方案包括合适的支撑、固定和连接部件，以增加脚手架的稳定性。检查设计方案中的荷载计算，避免超载情况。②由培训合格的专业人员进行脚手架的搭建。根据脚手架制造商提供的搭建说明进行操作，确保每个组件的正确使用和安装。进行必要的固定和连接，确保脚手架整体的稳定性。定期检查和维护脚手架的搭建，修复或更换损坏的部件。③选择符合标准和规范的脚手架材料和构件，确保质量可靠。对脚手架材料和构件进行质量检查，排除存在缺陷或损坏的部件。定期检测和维护脚手架材料和构件，修复或更换损坏的部件。使用脚手架时注意材料和构件的正常连接和固定，确保整个脚手架结构的稳定性。④在搭建脚手架之前，对施工地基进行勘察和评估，确保地基承载能力符合要求。按照设计方案和规范要求进行脚手架基础的施工，确保基础牢固稳定。定期检查和维护脚手架基础，排除地基松动、沉降等问题。

2. 人员因素防范措施：①提供必要的培训和教育，确保施工人员掌握正确的操作技能和方法。定期进行技术交流和培训，更新施工人员的知识和技能。配备经验丰富的工作人员进行指导和监督，确保施工操作的准确性和安全性。②加强安全教育，增强施工人员重视个人防护的意识。强调个人防护装备的必要性，如安全带、安全帽、防滑鞋等。督促施工人员正确佩戴和使用个人防护装备，确保其有效发挥作用。③建立明确的安全规章制度，包括高处作业的安全操作规程。进行反复的安全教育和培训，确保施工人员了解并遵守安全规定和操作程序。加强对施工人员的监督和检查，及时纠正不遵守规定的行为。加强安全文化建设，培养施工人员的安全意识和责任感。进行定期的安全巡查和检查，发现并纠正违章行为。鼓励施工人员提出安全改进建议，促进安全管理的持续改进。

3. 现场管理因素防范措施：①建立完善的安全管理制度和规范，明确责任分工和管理流程，确保相关安全规程和标准得到有效执行，提供必要的安全培训和教育。②制订合理的施工计划，充分考虑高处作业的风险和安全要求，合理安排施工人员和设备，制定高处作业的安全措施。③在施工区域设置合适的安全围挡或防护栏杆，限制未授权人员进入。根据工作高度和风险评估结果，设置合适的安全网、安全带等防护设备。确保防护设备的完整性和稳定性，进行定期检查和维护。

第十八节　挂篮施工作业高处坠落典型风险

一、事故案例

2017年2月6日，小磨高速公路改扩建工程第四合同段发生一起自制移动式操作吊篮高空坠落事故。四川川通桥梁加固工程有限责任公司在巴洒6号桥修饰过程中，杨某等4人依次从安装在桥护栏外的扶梯下到悬挂在桥梁底部的自制移动式操作吊篮内对巴洒6号桥桥梁进行修饰施工。叶某等3人在桥面上开展移动平车、传递材料等辅助工作。11点30分许，叶某用撬杠撬动平车，操作桥面平车向前移，在向前移的过程中，因操作失误，不慎将右侧平车（景洪至磨憨方向）配重撬落，导致左、右平车配重失衡，在右侧平车翻出护栏的瞬间，操作人员想借助人力通过拽压方式保持平车平衡，但在平车倾覆力矩的作用下，3人均被抛落桥下，杨某等4人随吊篮坠落地面，造成4人死亡，3人受伤。

二、风险分析

1. 设备因素：①挂篮设备的不稳定性或故障可能导致设备倾斜、摇晃或突然下降，从而使人员失去平衡并坠落。②悬挂系统包括钢丝绳、吊杆等，若存在断裂、松动、腐蚀等问题，可能导致挂篮脱离悬挂设备，使人员陷入危险境地。③安全锁装置是挂篮设备的重要安全保护装置，用于防止意外下降或脱离。如果安全锁失效或未正确使用，可能导致人员从高处坠落。④挂篮设备应配备防护装置，如安全网、防护栏杆等，以防止人员从高处坠落。如果这些防护装置缺失或损坏，将增加人员从高处坠落的风险。⑤不正确地使用或操作挂篮设备，如超载、非法改装、违规使用等，可能导致设备失控或发生其他意外情况，进而引发人员从高处坠落。

2. 人员因素：①挂篮操作方法不正确、操作不规范或违反安全操作规程，如站立不稳、移动过快、超出挂篮边界等，可能导致人员失去平衡或坠落。②人员缺乏对高处坠落风险的认识和警觉，忽视安全警示和预防措施，如未系好安全带、未正确使用防护装置等,增加了从高处坠落的风险。③人员在高处作业时可能感到不适或身体疲劳,如头晕、眩晕、乏力等,这可能影响其平衡和反应能力,增加从高处坠落的风险。④人员使用不适合或损坏的个人防护装备,如安全帽、安全带、安全鞋等,或未按照规定佩戴、系好或调整防护装备,可能导致其从高处坠落时无法有效保护自身安全。

3. 环境因素:①恶劣的天气条件如强风、暴雨、大雾等,会增加挂篮失去平衡或受到外力影响的风险,增加从高处坠落的可能性。②挂篮施工作业可能涉及搭建在建筑物外部的工作平台,如果工作平台不稳定、材料不牢固,或者存在结构问题,可能导致挂篮倾斜、塌陷或脱离,从而使人员从高处坠落。③有时挂篮施工作业需要在狭小的空间内进行,这增加了人员操作的难度,容易导致人员从高处坠落。④挂篮施工可能需要依靠建筑物或其他结构进行支撑,如果支撑结构不稳定或存在结构问题,可能导致挂篮失去支撑,从而使人员从高处坠落。

三、风险控制措施

1. 设备因素防范措施:①定期对挂篮设备进行检查和维护,确保设备的稳定性、功能完好性和安全性。②操作人员应正确使用和检查安全锁装置,确保其可靠性和有效性。③确保挂篮设备配备完备的防护装置,并进行定期检查和维护,确保其正常工作。④定期进行挂篮设备的检验和监测,包括结构、悬挂系统、安全锁装置等的检查,确保设备的安全性和可靠性。⑤制定和执行严格的操作规程和安全操作指南,包括设备负载限制、急停、急转弯等操作限制,确保施工操作的安全性。

2. 人员因素防范措施:①对施工人员进行全面的安全培训,包括高处作业安全知识、操作技巧和安全意识的培养,增强其对高处坠落风险的认识和警觉性。②制定和执行严格的安全操作规程,明确高处作业的安全要求,包括正确的挂篮操作方法、安全带使用、防护装备佩戴等,确保人员按规程进行作业。对挂篮作业进行监督和指导,提醒人员遵守安全规定,及时纠正操作不当行为。③通过安全会议、安全宣传等形式加强对高处坠落风险的宣传,增强人员的安全意识,鼓励大家主动参与安全管理和风险预防。④要求施工人员定期进行身体健康检查,确保其身体状况适宜从事高处作业,减少因身体不适导致的事故风险。⑤

加强对个人防护装备的管理，包括定期检查和更换损坏的装备，确保其有效性和合规性。⑥建立完善的高处坠落事故的应急预案，包括紧急停工程序、救援流程、急救措施等，以最大限度减少事故造成的伤害。

3. 环境因素防范措施：①关注风力、降雨量等对施工安全的影响，设立天气预警机制，根据预警信息采取相应的安全措施，必要时暂停施工。②定期检查工作平台的稳定性和结构安全性，确保搭建的平台坚固可靠，材料符合要求，避免挂篮失去平衡或脱离的风险。③合理规划作业空间，确保有足够的操作空间和安全通道，避免在狭小空间内进行高处作业，或者采取额外的安全措施，如增设防护栏杆、安全网等。④对支撑挂篮的建筑物或其他结构进行定期检查和评估，确保其稳定性和结构安全性，必要时进行加固或修复，以防止支撑结构失效导致人员从高处坠落。

第十九节　架桥机解体倾覆典型风险

一、事故案例

2019年7月18日，陕西省勉县定军山镇水磨湾国道108勉县段一级公路改扩建工程SG-3标汉江2号大桥发生一起架桥机解体倾覆事故。事故主要原因是架桥机左前支腿钢筒支撑销轴突然脱落，导致左支撑钢筒回缩下沉，1号箱梁以箱梁几何重心为中心逆时针旋转，架桥机向右侧甩尾，带动架桥机右主梁桁架连同右前支腿前冲约5m脱离2号桥墩盖梁悬空坠落，左支撑钢筒断裂向右后方倾倒，架桥机瞬间倾覆解体。事故造成5人死亡，4人重伤，3人轻伤。

二、风险分析

1. 设计因素：①架桥机存在不合理的强度计算、结构刚度不足、关键连接点设计不合理等结构设计缺陷，导致机器在承载荷载或外部力作用下失去平衡和稳定性。②重心位置设计不合理导致架桥机失去平衡发生解体倾覆。③未充分考虑风荷载的影响，大风环境下架桥机易失去平衡和稳定性。④紧急停机装置、安全防护装置等安全因素未充分考虑，增加架桥机解体倾覆的风险。

2. 操作因素：①操作人员超过架桥机的承载能力进行操作，使荷载超过机器的额定承载能力；不按照正确操作顺序进行操作；装载和分布荷载不合理。②安装架桥机时，计划和方法不合理，可能导致机器在安装过程中失去平衡和稳定性；在安装和拆卸过程中，未正确支撑和固定架桥机、人员操作和协调不适当、起重和吊装操作不适当；在拆卸架桥机时，顺序和方法不合理。

3. 机械因素：①架桥机使用材料、焊接质量、连接件等强度不足可能导致在承载荷载或外部力作用下发生破坏。②液压系统发生泄漏、压力失控等故障导致机器失去控制和平衡。③紧急制动系统失效，机器无法及时停止，导致失控和倾覆的风险增加。④控制系统故障导致无法准确控制和调节架桥机，从而引发失控和倾覆的危险。

三、风险控制措施

1. 设计因素防范措施：①确保架桥机的结构设计满足施工条件和荷载要求的相关标准和规范。进行全面的强度计算和结构分析，包括静态和动态荷载的考虑。重点检查和评估关键连接点的设计和强度。定期进行结构安全评估和检查，并根据需要进行结构改进和加固。②在架桥机的设计过程中，合理设置重心位置，确保机器在工作状态和荷载情况下保持稳定。进行重心计算和分析，并在需要时采取相应的设计调整措施。③充分考虑施工现场的风荷载情况，根据相关标准和规范进行风荷载计算，确保机器的结构和稳定性能够抵御预期的风荷载，设置风速限制和风力报警装置，以确保在风力超过安全范围时采取相应的措施。④充分考虑紧急停机装置、安全防护装置、安全预警装置等安全因素，确保机器在紧急情况下能够及时停止和保护操作人员的安全。

2. 操作因素防范措施：①对操作人员进行充分的培训，确保他们了解和遵守机器的承载能力限制。设置明显的荷载指示标志，以提醒操作人员控制荷载，避免超负荷操作。②制定详细的安装拆卸方案，充分考虑施工现场的实际条件和限制，确保安拆过程中的顺序、步骤和方法合理可行。委托专业的安拆团队进行施工，并确保他们具备必要的技能和经验。根据架桥机的结构和重心位置，制定适当的支撑和固定方案，确保支撑和固定装置具有足够的强度和稳定性，能够有效地支撑和固定机器。进行必要的检查和测试，确保支撑和固定装置的可靠性。③确保起重设备符合要求，并由经过培训和持证的专业操作人员进行操作。制定详细的起重和吊装方案，包括合理的吊装点和吊装顺序，采取必要的安全措施，使用安全吊装装置、遵守负载限制等。

3. 机械因素防范措施：①确保架桥机的结构设计满足施工条件和荷载要求的相关标准和规范，使用高质量的材料和焊接工艺，并进行必要的强度计算和结构分析。对关键部位和连接点进行定期检查和维护，确保结构的完整性和安全性。②定期检查和维护液压系统，确保液压元件的正常工作和密封性能，对液压系统进行压力测试和泄漏检查。③定期检查和维护控制系统，确保各个控制元件的正常工作。进行系统测试和故障排查，确保控制系统的可靠性和稳定性。④定期检查和测试紧急制动系统，确保其正常工作和可靠性。⑤操作人员应熟悉操作方法和应急程序，发现并报告异常情况，并进行必要的培训和演练。

第二十节　满堂支撑体系坍塌典型风险

一、事故案例

2021年8月17日，徽州大道南延工程（庐江段）一标段杭埠河特大桥在预压施工过程中发生一起托架坍塌事故。事故直接原因是现场未按照审批的杭埠河特大桥托架专项施工方案进行托架安装施工，导致实际实施的托架斜撑上部节点抗剪承载力不足，在预压堆载过程中首先被破坏，使托架在预载80%工况下垮塌，事故造成4人死亡。

二、风险分析

1. 设计因素：①设计荷载估计不准确，静态荷载、动态荷载、临时荷载等未根据标准和规范进行设计，未充分考虑实际施工荷载、人员活动荷载、材料储存荷载等因素，导致脚手架结构不足以承受实际应力。②结构设计不合理，脚手架结构设计时未考虑结构的强度和稳定性，包括横向和纵向稳定性、连接点的强度等，脚手架不能够承受预期荷载，达不到相关标准和规范的要求。③材料质量问题，钢管、连接件等使用低质量或不符合标准的脚手架材料，导致脚手架结构强度不足。④连接方式不牢固，脚手架连接点在设计和搭建时未采用适当的连接方式，连接点的稳定性和安全性不足，导致连接点不牢固，容易发生松动或脱落。

2. 施工因素：①搭建方法错误。脚手架搭建时未按照设计要求和相关规范进行操作，包括搭设不牢固、连接点不稳定、支撑点不均匀等。②荷载分布不合理和超负荷使用。过多的工人或材料集中在局部区域等导致脚手架上的荷载分布不合理或超过其承载能力。③风险管理不当。未进行充分的风险评估和管理，未采取水平防护等相应的防范措施。④维护和检修不及时。脚手架维护不及时或不彻底，存在松动、腐蚀、磨损等问题。⑤施工操作不当。施工人员不当操作、违规冒险作业和管理不严格、乱丢材料、随意更改结构等。

3. 外部因素：①强风、暴雨、暴雪等恶劣天气条件会对脚手架的稳定性造成影响。②地震和施工现场振动会对脚手架的稳定性产生冲击，造成坍塌风险。③脚手架建设地基不稳定、沉降或存在地质问题，会对脚手架的稳定性造成威胁。④脚手架遭受过载或意外撞击可能导致坍塌。⑤脚手架材料长期暴露在恶劣环境，如潮湿、腐蚀性气体等中，会导致脚手架材料的腐蚀和老化，从而影响其稳定性和强度。

三、风险控制措施

1. 设计因素防范措施：①合理设计。脚手架设计应符合相关标准和规范，充分考虑实际施工荷载、人员活动荷载、材料储存荷载等因素。进行荷载估算时，应考虑静态和动态荷载，并进行合理的安全系数设计。②材料选择和质量控制。选择符合标准要求的脚手架材料，并进行质量检查和认证。严禁使用低质量材料，确保脚手架结构强度和稳定性。③结构设计和计算。进行合理的结构设计，考虑横向和纵向稳定性、连接点的强度等因素。进行结构计算时，应采用适当的工程力学知识和方法，确保脚手架结构符合安全要求。④连接点的牢固性。选择可靠的连接件，并采用牢固的连接方式。加强连接点的检查和固定，确保连接点的稳定性和安全性。

2. 施工因素防范措施：①提供专业培训，确保施工人员熟悉正确的搭建方法。强制施工人员按照规范进行操作，严禁搭设不符合要求的脚手架。②进行合理的荷载计算和分析，确保荷载均匀分布在脚手架的各个支撑点上。严格控制脚手架的最大承载能力，防止超负荷使用。③定期进行脚手架的检查和维护，及时发现并修复脚手架的问题。使用符合标准的脚手架材料，并定期检查连接件的紧固情况。④加强施工人员的培训和安全教育，提高其操作技能，增强其安全意识。建立健全的施工管理制度，包括工艺流程、安全操作规程等，并严格执行。

3. 外部因素防范措施：①在脚手架作业前，进行气象条件评估，确保在恶劣天气条件下不搭建或停止使用脚手架。增加脚手架的风围网，减少风力对脚手架的影响。在暴雨或大雪等天气条件下，及时清理积水和积雪，以减轻脚手架的荷载。②在地震频繁的地区，采取地震抗震设计和加固措施，提高脚手架的抗震能力。在需要进行振动作业的情况下，采取相应的措施，如使用减振器、增加支撑点等，以减少振动对脚手架的影响。③在选址前进行地质勘查，评估地基的稳定性和承载能力。根据勘查结果，采取相应的加固措施，如增加支撑点、加固地基等，确保脚手架的稳定性。④严格控制脚手架的最大承载能力，并确保使用过程中不超过其承载限制。在脚手架周围设置防护措施，如围挡、警示标志等，防止意外撞击。⑤使用防腐蚀和耐老化的材料，如镀锌钢管等。定期检查和维护脚手架材料，及时更换损坏或老化严重的部件。

第二十一节　塔吊安拆施工倾覆典型风险

一、事故案例

2023年9月13日，由中交第二航务工程局有限公司负责施工的金筒仁快速路项目工程发生一起塔吊安装坍塌事故。陈某等8名塔吊顶升作业人员准备登塔作业，第8节标准节安装完毕后，塔吊上作业人员插上顶升销、拔出滑道底座与标准节连接销，准备开始顶升。在滑道塔身节开始顶升至最后一个行程时，换步销对孔出现错位，无法将换步销全部插入到位，陈某使用千斤顶校正换步销轴孔后，塔吊发生坍塌，事故造成 6 人死亡，4 人受伤。事故的直接原因为：顶升作业人员未将塔吊左侧顶升销轴插到正常工作位置，使该销轴的前端锥度位置受挤压，处于非正常受力工作状态下，采用千斤顶调整左侧固定轭杆与顶升梯的孔位偏差，造成左侧异常承重的顶升销轴发生轴向位移、脱出，塔身上部所有荷载全部由右顶升销轴和右换步销轴承担，导致塔吊上部结构因失去左侧支承，在重力作用下向下墩坐、坍塌。

二、风险分析

1. 安拆方法因素：①塔吊的组装未按照制造商提供的说明和规范的顺序进行，可能导致塔吊结构不稳定。②螺栓、销子等塔吊的连接部件，连接不牢固或使用了损坏的连接件，可能导致塔吊在安装和拆卸过程中发生松动或断裂。③塔吊在安装和拆卸过程中需要依靠支撑结构来提供稳定性，如果支撑结构不牢固或不符合要求，可能导致塔吊失衡或倾斜。④在塔吊的安装和拆卸过程中，操作人员的错误或不规范操作可能导致塔吊失衡或结构不稳定。

2. 地基失稳因素：①地基承载能力不足是导致塔吊倾覆的主要因素之一。地基土壤的强度不足以支撑塔吊的重量和作用力、地基土壤发生沉降或塌陷等造成地基承载能力不足，导致塔吊失去平衡。②在地震或其他振动作用下，地基土壤可能发生液化现象或塔吊周围土壤的侧移或滑动造成地基稳定性不足，导致塔吊失稳倾覆。③地基表面存在凸起、坑洼或其他不平整现象，地基沉陷不均匀导致地基表面不平整，引发塔吊倾覆。

3. 荷载超限和不平衡因素：①在安装和拆卸过程中，如果吊装的物体重量超过了塔吊的额定起重能力或每台塔吊升降高度、悬臂长度等都有其工作范围的限制，在操作过程中超出这些限制，塔吊可能会失去平衡。②在塔吊安装和拆卸过程中，如果吊装物体的重心不稳定或载荷分布不均匀，会导致塔吊发生倾覆。③风荷载是塔吊倾覆的常见因素之一。强风可以产生巨大的侧向力，对塔吊结构产生不利影响。④操作人员的错误或不规范操作也可能导致载荷超限和不平衡，从而引发塔吊倾覆。

4. 人员因素：①操作人员未持证上岗，缺乏专业知识和经验，不熟悉正确的操作程序和技术要求。对塔吊的控制不当，如忽视安全限制、误操作控制杆等。②在塔吊安装和拆卸过程中，沟通不畅或协调不当可能导致操作不协调、误解指令等问题，进而引发倾覆事故。③忽视安全操作规程和程序，盲目追求效率、不正确使用个人防护装备和忽略安全警示标志等不遵守安全规范和程序的行为是导致塔吊倾覆的重要因素。

三、风险控制措施

1. 安拆方法因素防范措施：①严格按照制造商提供的组装说明和规范进行操作，确保按照正确的组装顺序进行组装。提供专业培训，确保操作人员熟悉正确的组装方法。②在安装和拆卸前，对连接部件进行检查，确保其完整性和可靠性。使用符合要求的连接件，并按照规范和制造商要求进行正确的连接操作。③在安装前，对支撑结构进行检查和评估，确保其稳定和符合要求。根据塔吊的要求，采取适当的支撑措施，如使用垫板、钢板等，增加支撑面积和稳定性。④提供专业培训，确保操作人员熟悉正确的安装和拆卸操作方法。强制操作人员按照规范和制造商要求进行操作，严禁不符合要求的操作行为。

2. 地基失稳因素防范措施：①进行地质勘查和地基承载力评估，以确定地基的承载能力。根据地质勘查结果，采取适当的加固措施，如加固地基、使用加固板等，以增加地基的稳定性。在选择安装位置时，避免选择地质条件较差或承载能力不足的区域。②在地震频繁或土壤液化风险较高的地区，进行专门的地震风险评估，并采取相应的加固措施，如采用挖槽加固、灌浆等方法。加强对地基土壤的监测，及时发现土壤侧移或滑动的迹象，并采取必要的补救措施，如加固土壤、增加支撑等。③在安装塔吊之前，对地基表面进行平整处理，确保其平整和稳定。进行地基沉降监测，及时发现沉降不均匀的情况，并采取相应的措施，如加固沉降区域、调整塔吊位置等。

3. 荷载超限和不平衡因素防范措施：①确保在安装和拆卸过程中，吊装的物体重量不超过塔吊的额定起重能力。根据塔吊的工作范围，合理安排吊装位置和高度，确保操作在允许的范围内进行。②在吊装之前，确保吊装物体的重心稳定，并采取适当的措施以保持平衡。均匀分配吊装物体的重量，避免过度偏斜或集中载荷。③根据塔吊的设计规范，在风速超过安全标准时，暂停操作或采取适当的风险控制措施。安装风速监测设备，及时监测风速，并在超过安全限制时采取相应的措施，如降低高度、加固结构等。④提供专业培训，确保操作人员熟悉正确的操作方法和程序。强制操作人员按照规范和制造商要求进行操作，严禁违规操作。

4. 人员因素防范措施：①人员持证上岗作业，接受充分的培训，确保操作人员具备必要的专业知识和技能。强制操作人员按照塔吊制造商的操作手册和规范要求进行操作。建立严格的监督和检查机制，确保操作人员的操作符合规范和安全要求。限制操作人员的工作时间，确保有足够的休息和恢复时间。建立健康监测机制，定期检查操作人员的身体状况，确保其身体适宜进行操作。②建立良好的沟通机制，确保所有相关人员之间的信息传递准确和及时。使用标准化的信号和指令，确保操作人员能够清晰理解和执行指令。提供必要的培训，确保所有参与操作的人员了解沟通和协调的重要性。③加强安全培训，确保所有人员了解和遵守安全规范和程序。建立监督和检查机制，对不遵守安全规范和程序的行为进行纠正和处罚。提供充足的个人防护装备，并强制要求所有人员正确佩戴和使用。

第二十二节　栈桥平台机械倾覆典型风险

一、事故案例

2022年6月17日，青兰高速公路双埠至河套段改扩建工程ZT1标段32号墩钢便桥作业平台上旋挖钻机发生倾倒，倒向青兰高速女姑口特大桥向海一侧，旋挖钻机大臂落在半幅行车道、应急车道、检修通道上，一过往车辆与旋挖钻机大臂发生碰撞，造成3人受伤，均无生命危险。

二、风险分析

1. 栈桥失稳因素：①钢便桥搭设在不稳定的地面，如软土、沙土或不均匀的地基上，会导致钢便桥整体失去平衡，增加倾覆的风险。②强风是导致钢便桥失稳的常见因素之一。当风速超过钢便桥的抗风能力时，风力会对钢便桥产生强大的侧向力，导致失稳。③在钢便桥上放置超过其承载能力的重物或超载操作，会导致钢便桥失去平衡，增加倾覆的风险。④不正确的搭建和连接方式可能导致钢便桥结构松动或不牢固，从而增加失稳和倾覆的风险。

2. 设备因素：①机械设备的设计和结构可能存在缺陷，如重心不稳定、结构强度不足、连接件松动等，这些因素可能导致机械倾覆。②随着机械设备的使用年限增加，部件可能会磨损、腐蚀或老化，导致设备的稳定性和强度下降，增加倾覆的风险。③不定期或不适当的维护保养可能导致设备故障、零部件失效或结构松动，从而影响机械设备的稳定性。④将机械设备用于超过其承载能力的工作负荷，如超载运输、超过起重能力的吊装等，会使机械设备失去平衡并倾覆。

3. 人员因素：①不正确的操作方法、操作决策和操作技巧可能导致机械设备失去平衡、超载或发生其他危险情况，从而引发倾覆。②缺乏适当的培训和技能可能导致操作人员无法正确操作和控制机械设备，不了解安全操作规程和注意事项。③操作人员如果处于疲劳状态或注意力分散，会影响对机械设备操作的准确性和反应能力，增加倾覆的风险。④不遵守安全规程、程序和标准，如超过设备的工作限制、忽略预警信号或规避安全保护装置，会增加倾覆的风险。

三、风险控制措施

1. 栈桥失稳因素防范措施：①在搭建钢便桥之前，进行地基评估，确保地基稳定。如果地基存在问题，应采取相应的加固措施，如加固地基或采用临时支撑结构。②根据实际工作环境和地理位置，进行钢便桥的抗风设计。确保钢便桥具备足够的抗风能力，能够承受预期的风力荷载。③确保钢便桥上的负荷符合设计要求，不超过其承载能力。对于重物的放置和操作，严格控制负荷的分布和位置，避免超负荷使用。④按照相关规范和标准正确搭建和连接钢便桥的各个部分。确保连接件紧固可靠，结构稳定，把松动和位移的风险降到最低。⑤定期检查钢便桥的结构和连接件的状态，确保其完好无损。及时修复或更换磨损、锈蚀或损坏的部件，确保钢便桥的稳定性和安全性。⑥建立强风预警机制，及时监测风力情况。在强风来临时，采取紧急措施，如暂停使用钢便桥、加固结构或撤离人员，确保安全。

2. 设备因素防范措施：①选择具有稳定结构、适当重心位置和足够强度的机械设备。购买来自可靠厂家的设备，并确保其符合使用的安全标准和规定。②建立并执行设备的定期检查和维护计划，包括检查和更换磨损的零部件、紧固连接件和润滑系统，以确保设备的稳定性和安全性。③对设备进行正确的保养和修理，包括定期润滑、紧固连接件的检查和调整，及时修复或更换磨损、腐蚀或老化的部件。④建立质量管理体系，确保设备的设计、制造和维修工作符合质量标准和规范。加强对设备制造商和供应商的评估和监督。⑤根据设备的使用寿命和磨损情况，进行预防性的零部件更换和设备更新，以保持设备的稳定性和可靠性。

3. 人员因素防范措施：①为操作人员提供全面的培训和教育，包括机械设备的操作规程、安全操作技巧、应急措施和事故防范知识等，确保其具备必要的操作技能和安全意识。②定期对操作人员进行考核和评估，确保其了解和掌握正确的操作方法和安全要求，并及时纠正不当的操作行为。③建立疲劳管理机制，合理安排工作和休息时间，避免操作人员长时间连续工作或工作时过度疲劳。鼓励操作人员进行体育锻炼和保持良好的生活习惯。④加强现场监督和指导，确保操作人员按照安全规程和程序进行操作，并及时纠正不当的操作行为。设立安全监督员或安全巡查员，进行定期巡视和检查。⑤通过安全会议、安全培训和安全宣传活动，增强操作人员的安全意识和责任心，使其明确安全第一的原则，并了解倾覆事故的危害和防范措施。建立激励机制，对安全表现良好的操作人员给予肯定和奖励；对违反安全规定的行为进行及时纠正和相应的处罚，以强化安全意识和规范操作行为。⑥鼓励操作人员和维修人员及时报告设备故障和问题，并建立有效的反馈机制，以便及时采取纠正措施。为操作人员和维修人员提供必要的培训和技能提升机会，使其了解设备的使用和维护要求，能够及时发现和处理潜在的设备问题。

第二十三节　护栏施工机械伤害典型风险

一、事故案例

2015年5月17日，中铁二十四局集团浙江工程有限公司承建的绍兴市越兴路南延工程上跨萧甬铁路立交工程在 A 匝道桥面系进行防撞护栏模板安装作业时发生一起机械伤害事故，造成 1 人死亡。单某等涉事 4 人于上午 6 时开始在 A 匝道桥面系进行防撞护栏模板安装作业，内模板安装完成后，开始安装外模板。在进行一块外模板安装时发现下部混凝土太厚，无法安装到位，须重新安装，单某就开始拆下螺丝，拆下全部螺丝后导致外模板突然下沉，牵动模板安拆辅助机具向其移动，单某背对机具避让不及，被撞向模板，从而胸部被夹在机具和模板上突出的槽钢之间挤压受伤死亡。

二、风险分析

1. 设备因素：①设备可能出现机械故障、电气故障、液压故障等问题，导致设备失控或意外伤害的发生。②设备设计可能存在缺陷，如安全保护装置不完善、操作控制不便等，增加了操作人员受伤的风险。③设备长期使用，可能出现老化和损坏现象，如零部件磨损、结构松动等，影响设备的安全性能。④选择的设备可能不适合当前的施工任务或工作环境，或者设备之间的匹配性不好，导致操作不便或存在安全隐患。

2. 人员因素：①施工人员缺乏必要的技能和知识，不了解施工操作的要求和安全规范，可能导致操作不当，增加发生事故和伤害的风险。②施工人员在施工现场分心或注意力不集中，对设备操作和周围环境的观察不够，容易发生意外事故。③施工人员可能存在个人行为不当的情况，如疲劳驾驶、违反安全规定、不佩戴个人防护装备、过度自信等，增加发生伤害的风险。④施工人员之间沟通不畅或缺乏协作配合，导致信息交流不及时、操作不协调，增加发生事故和伤害的可能性。

3. 环境因素：①施工现场可能存在狭小的空间、不稳定的地面、杂乱的堆放物等不良工作环境，加大施工人员操作的困难性和危险性，增加了机械伤害发生的可能性。②恶劣的天气条件，如暴雨、大雪、雷电等，会对施工环境产生不利影响，增加发生事故和伤害的风险。③施工区域可能存在潜在的危险物，如地下管线、暗涵、毒气、有害化学品等，这些物质可能对设备操作和人员安全造成威胁。④不合理的施工现场布局可能导致设备操作空间狭窄、交通流线不畅、视线受阻等问题，增加发生事故和伤害的风险。

三、风险控制措施

1. 设备因素防范措施：①在选择设备时，根据具体施工需求，对设备的性能、安全性、适用性进行评估，选择符合要求的设备。②建立设备维护计划，定期对设备进行维护和保养，检查设备的工作状态、零部件的磨损程度等，并及时修复或更换有问题的部件。③定期进行设备的安全检查和功能测试，确保设备各项安全保护装置和控制系统正常工作。④对老化、损坏或不符合安全要求的设备，及时进行更新或改进，以确保设备的可靠性和安全性。⑤设备应配备必要的安全保护装置，如紧急停机装置、防护罩、限位器等，有效防止操作人员受到夹伤、碰撞等伤害。

2. 人员因素防范措施：①在施工前对施工人员进行必要的培训，确保其具备相关的技能和知识，了解施工操作的要求和安全规范。②通过安全教育和宣传活动，增强施工人员的安全意识，让他们认识到安全的重要性，从而主动遵守安全规定和要求。③定期对施工人员的操作行为进行安全检查和评估，发现存在的安全隐患和问题，并及时采取相应的纠正和改进措施。④制定并执行具体的操作规程和安全标准，明确施工人员的职责和操作要求，规范施工行为，确保操作的安全性。⑤加强对施工人员的现场监督和指导，及时发现和纠正不当的操作行为，确保施工的安全进行。⑥建立良好的沟通和协作机制，促进施工人员之间的信息交流和协同配合，确保施工操作的顺利进行和安全性。⑦合理安排工作时间和休息时间，避免施工人员长时间连续工作或工作时过度疲劳，为施工人员提供充足的休息和恢复时间。⑧定期分析和总结过往的事故案例和经验，从中吸取教训，加强对施工人员的安全培训和警示教育。

3. 环境因素防范措施：①在施工前进行环境评估和预警，对施工区域的环境条件和潜在危险物进行识别和评估，制定相应的防范措施。②建立天气监测系统，及时获取天气信息，对恶劣天气进行预警，采取相应的措施，如暂停施工、加强安全防护等。③根据施工环境条件和潜在危险物的特点，设置相应的安全防护设施，如警示标志、防护栏杆、防护罩、通风设备等，确保施工区域的安全性。④合理规划施工现场布局，确保设备操作空间充足，交通流线畅通，视线清晰，减少环境因素对施工的影响。⑤针对特殊环境条件，制定相应的安全作业指导，明确操作人员应采取的安全措施和注意事项，增强施工人员的安全意识。⑥对施工区域的环境进行监测，及时发现和防控潜在的污染物，采取相应的防护措施，保护设备操作人员的健康。⑦制定完善的紧急救援和应急预案，明确施工人员在环境紧急情况下的应对措施和求救方式，确保施工过程中的安全。

第三章 隧道工程

隧道工程施工主要包括洞口工程、洞身工程及附属设施三个分部工程施工。洞口工程主要包括洞口土石方开挖、边坡防护、洞口排水系统、明洞及洞门修筑等；洞身工程主要包括洞身开挖。本章内容主要包括洞口工程、明洞工程、洞身开挖、出渣与运输、初期支护、仰拱及排水工程、二次衬砌。

第二十四节 洞口工程洞口处岩石垮塌典型风险

一、事故案例

2007年11月20日8时44分，湖北省恩施州巴东县野三关镇宜万铁路高阳寨隧道Ⅱ线进口（318国道1404km+800m处）发生一起特别重大坍塌事故，造成现场施工人员4人、318国道行驶中的大客车内32人中35人死亡，1人受伤。经初步调查分析，事故发生的直接原因是隧道洞口边坡岩体在长期表生地质作用下，受施工爆破动力作用，致使边坡岩石沿原生节理面与母岩分离，在其自身重力作用下失稳向坡外滑出，岩体瞬间向下崩塌解体，造成事故发生。

二、风险分析

1. 管理因素：①技术人员没有对施工人员进行交底，或交底不清，导致现场盲目施工，无人指挥。②未对施工人员做好安全教育，正确使用防护用品。③未检查作业现场情况以及安全警戒工作。④对隧道沿线周边未进行详尽的地质调查并编写地质调查报告。⑤未查明不良地质、特殊地质对隧道施工的影响。⑥未对土质松软地段进行加固。⑦施工作业前未对周围作业环境等进行检查。⑧对危险位置未设置安全警示标志。

2. 人员因素：①操作不当，操作人员对爆破施工的安全意识不足，未按照正确的操作程序进行操作。②不合理的工作安排，人员安排不合理导致操作人员疲劳或工作压力过大，影响其专注度和决策能力。③工作现场人员之间的沟通不畅或配合不力，导致操作不协调或信息传递不及时。④安全意识不强，人员对安全意识的重要性认识不足，对危险行为或违反安全规定的行为容忍度高。

3. 施工因素：①施工企业安全生产责任不落实，现场混乱。②洞口截、排水系统设置不合理，造成隧道的边、仰坡坍塌，引发附近的山体滑坡灾害。③冲刷附近的施工便道，导致物资运输、弃渣运输时因道路地质不良而造成事故（如翻车或人员跌落等）。

三、风险控制措施

1. 管理因素防范措施：①要求现场技术人员对施工人员进行交底，并交底明确。②派专人现场指挥作业，并定期进行检查。③对施工人员做好安全教育，要求正确使用防护用品。④定期检查作业现场情况以及安全警戒工作，严格按照技术要求进行施工。⑤对隧道沿线周边进行详尽的地质调查并编写地质调查报告。⑥查明不良地质、特殊地质对隧道施工的影响，禁止不听指挥违规施工。⑦对土地存在潜在危险地段进行处理，并设置警告标志。⑧施工作业前对周围作业环境等进行检查，对危险位置设置安全警示标志。

2. 人员因素防范措施：①进行全面的操作培训，确保操作人员熟悉爆破施工的操作要求，并严格遵守操作规程。②合理安排工作时间和休息时间，避免长时间的连续操作，以及提供足够的人员支持。③建立良好的沟通机制，确保信息传递畅通，协调各方工作，以减少操作上的误解或冲突。④进行安全培训和教育，提高人员对安全风险的认识，强化安全意识，促使他们始终将安全放在首位。

3. 施工因素防范措施：①落实施工企业安全生产责任制度，派专人现场整改。②洞口开挖及支护前，应先清理洞口上方及侧方可能滑坡的表土、灌木及山坡危石等，疏通流水沟渠，排除积水。③洞口边、仰坡上方的天沟应及时作。

对土质天沟应随挖随砌，不得使水流冲刷坡面。④水沟采用砌体时，砌体应采用挤浆法分层、分段砌筑。分段位置宜设在沉降缝或伸缩缝处，砌体每隔1.2m左右找平一次，各段水平砌缝应大致水平。片石要摆码稳固，分层错缝，片石要坐浆挤紧，不得有空洞或缺少砂浆，砂浆饱满，线条顺直，勾缝平顺。沟壁平整、稳定，沟底平整、排水通畅，无冲刷和阻水现象。施工期间须注意安全，戴防护眼罩，并控制石屑飞出的方向，避免伤人。砌石时要轻拿轻放，防止挤手碰脚，严禁下摔。工作面上待用石块必须放稳，防止滑动伤人。⑤洞口土石方开挖必须按设计要求进行边、仰坡放线，自上而下分层开挖，分层支护。严禁掏底开挖或上下重叠开挖。⑥洞门端墙处土石方开挖应结合地层稳定程度、施工季节和隧道施工方法进行。⑦洞口开挖的土石方应避免因弃渣堵塞造成排水不畅、过大土压力引起山坡坍塌的偏压，以及对其他建筑物的危害，并不应影响交通运输安全。

第二十五节　明洞工程仰坡滑塌典型风险

一、事故案例

2007年8月6日，广深港客运专线水田隧道进口正在进行导向墙施工准备时，右侧导向墙顶部仰坡忽然滑塌约2~3m³土体，两人被埋，经抢救无效死亡。

二、风险分析

1. 环境因素：①不良天气进行洞口开挖施工作业。②未进行地质调查或地质调查不完善。③施工前未处理地表危石，防护措施不全面，陡峭、高边坡、土质松软的隧道洞口未采取安全防护措施。

2. 施工因素：①未制定实施性施工组织设计、风险评估、专项施工方案或方案不完善。②违规超挖，危险区域开挖，开挖坡度不合理或预计施工及交叉作业。③施工作业平台不牢固。④洞口边、仰坡上方的排水系统修筑不及时或防排水措施不当，洞口顶部表面凹坑未进行防水处理。

三、风险控制措施

1. 环境因素防范措施：①明洞开挖避开雨天施工，施工时应对山体稳定情况进行监测检查。②明洞开挖前，应采取洞顶及四周的排水、防水措施，防止地面水冲刷导致边仰坡落石和坍塌。③洞门应避开雨天和严寒季节施工，并应及早完成。洞门基础必须置于稳固的地基上，承载力不满足要求时，要及时和设计人员联系变更。

2. 施工因素防范措施：①制定实施性施工组织设计、风险评估、专项施工方案，并进行专家评审，落实项目方案技术交底。②施工作业严禁违规超挖、危险区域开挖、开挖坡度不合理或预计施工及交叉作业。③合理搭设施工作业平台，进行承载力验算并进行预压作业。④及时对洞口边、仰坡上方的排水系统进行修筑，采取合理的防排水措施，对洞口顶部表面凹坑进行防水处理。⑤边仰坡开挖应以自上而下的顺序进行，边开挖边进行防护；在松软地层开挖边仰坡时，应随挖随支护。⑥明洞衬砌施工时模板及支架的强度、刚度和稳定性必须进行验算，模板及支架必须稳固牢靠，模板与支架、脚手架之间不得相互连接，脚手架和工作平台应搭设牢固，并设有扶手及栏杆。⑦衬砌钢筋安装时应设临时支撑，端头挡板应安设牢固，支撑稳固，并有防止模板移动的措施。⑧起重吊装作业应符合起重吊装安全规定。

第二十六节　洞身开挖山体坍塌典型风险

一、事故案例

2007年11月20日，宜万铁路发生山体坍塌事故，造成35人死亡，1人受伤（其中施工人员3死1伤）。宜万铁路高阳寨隧道Ⅱ线进口，7时5分放炮，8时44分，发生山体坍塌3000余立方米，造成在隧道进口下方作业的4名工人和途经此处的客车被埋压，318国道中断。直接原因是受施工爆破动力作用，边坡岩石沿原生隐蔽解理面与母岩分离，在其自身重力作用下失稳向坡外滑出。

二、风险分析

1. 管理因素：①专项施工方案对现场施工人员未进行技术交底。②材料有缺陷（如爆破物品性能差），隧道渗水严重影响炸药性能，哑炮未处理。③运输车辆有缺陷，导致现场人员无法安全撤离。④现场安全警戒或栏护不到位，未对危险位置进行勘察及警告。

2. 施工因素：①爆破方案有缺陷，未进行专家论证。②施工场地环境不良（如照明不佳、场地狭窄），且未进行地质环境勘查。③爆破后，初期支护不及时导致坍塌。④爆破作业时，震动对现场环境稳定性及信号系统的影响、震动对围岩的应力破坏导致坍塌。

三、风险控制措施

1. 管理因素防范措施：①建立健全安全管理制度，落实安全生产责任，定期组织安全检查。②对施工人员进行教育培训及方案交底，严格控制材料质量，派专人对危险品进行管理及维护。③施工前必须检查周边环境，确保安全再进行施工，对危险位置进行勘察及设置围挡。④对现场区域合理进行布置，车辆有序停放，外部车辆派专人指挥交通。

2. 施工因素防范措施：①装药与钻孔不宜平行作业。②爆破器材加工房应设在洞口50m以外的安全地点。③严禁在加工房以外的地点改制和加工爆破器材。长隧道施工必须在洞内加工爆破器材时，其加工硐室的设置应符合国家现行的《爆破安全规程》（GB 6722—1986）的有关规定。④爆破作业和爆破器材加工人员严禁穿着化纤衣物。⑤爆破时，严格控制人员撤离现场的安全距离。⑥洞内每天放炮次数应有明确的规定，装药离放炮时间不得过久。⑦装药前应检查爆破工作面附近的支护是否牢固；炮眼内的泥浆、石粉应吹洗干净；刚打好的炮眼热度过高，不得立即装药。如果遇有照明不足，发现流沙、泥流未经妥善处理，或可能有大量溶洞涌水时，严禁装药爆破。⑧当发现"盲炮"时，必须由原爆破人员按规定处理。⑨装炮时应使用木质炮棍装药，严禁火种。无关人员与机具等均应撤至安全地点。⑩两工作面接近贯通时，两端应加强联系与统一指挥。岩石隧道两工作面距离接近15m（软岩为20m），一端装药放炮时，另一端人员应协调放炮时间。放炮前要加强联系和警戒，严防对方人员误入危险区。

第二十七节　出渣与运输边坡坍塌典型风险

一、事故案例

2018年12月20日上午9点左右，多邦顺公司发生边坡坍塌事故，造成1人死亡。事发时，司机曾某驾驶装满废渣的渣土车，从隧道中行驶而出，曾某未按照弃渣工作指挥人员陶某的指令将废渣运往洞前弃渣场，而是运往事发弃渣场进行弃渣作业。9点30分左右，多邦顺公司安全员何某接到当地村民电话告知有渣土车翻落到弃渣场下。

9点40分左右，何培勇与机械班长夏某、毛某等人赶到事发现场，看到曾某驾驶的翻落的渣土车车头等多处损坏严重，曾某也倒在驾驶室内。何某向多邦顺公司和王主山工程项目部的管理人员进行报告，拨打"120"急救电话，并向河下镇派出所报告了事故情况。

随后，多邦顺公司、王主山工程项目部的多名管理人员赶赴现场组织应急处置工作，联系车辆、人员等开展救援，直到10点左右，将曾某从损坏的渣土车中救出，急救车到达事故现场后抢救无效死亡。事发后，中建环城路项目部向市交通运输局、市应急管理局报告了事故情况，市交通运输局、市应急管理局立即组织人员到现场进行勘查。

二、风险分析

1. 人员因素：①装渣时，车辆未停放在安全位置，距离坑边较近。②施工场地的照明不能满足施工要求，导致驾驶员视线受阻。③现场施工未派专人指挥，导致盲目施工、盲目驾驶。④装渣车辆在装渣时没有停稳制动，车辆滑动而造成装渣人员被车辆撞伤。⑤装渣时车辆偏载超载，装渣车在运输时可能发生侧翻造成人员伤亡和车辆损坏。

2. 机械因素：①机械装渣作业时，无人指挥，周边无警告标志。②临边防护不到位，机械与车辆发生碰撞。③装渣过程中发现有岩石松动或者塌方迹象时，未及时撤离。

3. 环境因素：①装渣过程中发现有残留的炸药或雷管时，处理不当。残留的炸药、雷管带入装渣车，发生爆炸。②车辆停放地点无临边防护标志。机械装渣时没有专人指挥，对危险区域不了解。

三、风险控制措施

1. 人员因素防范措施：①装渣作业应规定作业区域，严禁非作业人员进入。②装渣与卸渣作业应有专人指挥，作业场地的照明应满足作业人员安全操作的需要。③应设置倾倒安全标志位置，不要临边作业。④装渣车辆在装渣时必须停稳制动，严禁车辆偏载超载。

2. 机械因素防范措施：①装渣机械作业时，其回转范围内不得有人通过。②装渣过程中应注意观察开挖面围岩的稳定情况，发现有岩石松动或塌方征兆时，必须先处理再装渣。③运渣车辆装渣时，应避免偏载超载。④装渣作业人员应保持足够的距离。⑤建立维护计划，定期检查和维护设备，保持设备的良好工作状态。⑥机械装渣的辅助人员应随时观察装渣和运输机械的运行情况，防止挤碰。

3. 环境因素防范措施：①装渣时发现渣堆中有残留的炸药、雷管应立即处理。②人工装渣时应保证足够的照明度。③在施工前评估现场空间，确保有足够的操作空间，移除或合理调整障碍物，确保旋挖钻机可以安全操作。④在施工前了解周边环境情况，与相关方沟通协调，采取必要的防护和补救措施。

第二十八节　初期支护掌子面塌方典型风险

一、事故案例

2009年3月16日，向莆铁路发生掌子面塌方事故，造成3人死亡。向莆铁路宝台山隧道吴元斜井开挖至距洞口736m时，掌子面右侧发生塌方，造成3人死亡，1人重伤。坍方原因是两个隐蔽原生节理在自重和钻孔扰动共同作用下失稳，并牵引周边岩体垮塌。

二、风险分析

1. 施工因素：①采用分部法开挖时，下部开挖后钢架未及时接长落底，底脚悬空或两侧同时开挖接长。②钢架背后的空隙填充片石等其他材料。③掌子面开挖后，封闭围岩不及时。④发现支护体系变形、开裂等险情时，未立即撤出人员，未及时采取补救措施。⑤作业前，未清除工作面危石。⑥未对隧道附近重要建（构）筑物、设施设备进行变形和沉降观测。

2. 人员因素：①未接受相应教育培训和技术交底，不熟悉作业流程。②个人安全防护意识不强，未按要求正确佩戴安全带、安全绳等防护设备。③习惯性违规违章作业，违反作业流程。

3. 设计因素：①设计荷载估计不准确，静态荷载、动态荷载、临时荷载等未根据标准和规范进行设计，未充分考虑实际施工荷载、人员活动荷载、材料储存荷载等因素。②结构设计不合理，支撑点不能够承受预期荷载，达不到相关标准和规范的要求。

三、风险控制措施

1. 施工因素防范措施：①施工作业前，对施工区域合理布置，并对障碍物进行清理，设置警戒线。②定期或不定期对隧道附近重要建（构）筑物、设施设备进行变形和沉降观测。③采用机械找顶，找顶完成前人员不得处于被清除物的正下方。④作业前，安全员检查验收作业环境的安全状态。⑤严格按照规范和设计要求施工。⑥现场进行检查，及时接长钢架落底，两侧错位开挖。⑦超挖部分采用喷射混凝土填充密实，严禁挂板施工或填充片石。⑧掌子面开挖后，及时喷混凝土封闭围岩。⑨发现异常，立即停止作业，按应急预案分级响应，有序撤离。

2. 人员因素防范措施：①提供必要的培训和教育，确保施工人员掌握正确的操作技能和方法。定期进行技术交流和培训，更新施工人员的知识和技能。配备经验丰富的工作人员进行指导和监督，确保施工操作的准确性和安全性。②加强安全教育,增强施工人员的个人防护意识。强调佩戴个人防护装备的必要性,如安全带、安全帽、防滑鞋等。督促施工人员正确佩戴和使用个人防护装备,确保其有效发挥作用。③建立明确的安全规章制度,包括高处作业的安全操作规程。反复进行安全教育和培训,确保施工人员了解并遵守安全规定和操作程序。加强对施工人员的监督和检查,及时纠正不遵守规定的行为。④加强安全文化建设,培养施工人员的安全意识和责任感。进行定期的安全巡查和检查,发现并纠正违章行为。鼓励施工人员提出安全改进建议,促进安全管理的持续改进。

3. 设计因素防范措施:①设计方案应符合相关标准和规范,充分考虑实际施工荷载、人员活动荷载、材料储存荷载等因素。进行荷载估算时,应考虑静态和动态荷载,并进行合理的安全系数设计。②材料选择和质量控制。选择符合标准要求的材料,并进行质量检查和认证。严禁使用低质量材料,确保结构强度和稳定性。

第二十九节 仰拱及排水工程拱顶塌方典型风险

一、事故案例

2009 年 10 月 29 日,包西铁路新响沙湾隧道已贯通,二衬剩余 65m。进行仰拱施工时,突然听到响声,人员及时撤离,拱顶塌方 28m³。

二、风险分析

1. 技术因素:①仰拱未经专项设计,组装、调试完成后未组织验收,日常使用未按规定维护保养。②仰拱作业无专人值守,未设警示标志。③机械故障或机械操作不当。④排水不完善,积水浸泡拱墙脚基础,在膨胀土、土质地层、围岩松软地段,水浸泡地基。

2. 人员因素:①未接受相应教育培训和技术交底,不熟悉作业流程。②个人安全防护意识不强,未按要求正确佩戴安全带、安全绳等防护设备。③习惯性违规违章作业,违反作业流程。

三、风险控制措施

1. 技术因素防范措施：①仰拱按相关规范进行专项设计，组装、调试完成后组织验收，日常使用按规定维护保养，栈桥面焊螺纹钢筋。②进行安全技术交底，设专人指挥车辆通过栈桥，仰拱作业处设醒目标志，加大检查力度。③作业前检查机械设备并试运转，定期检查、维修保养。④开挖临时排水沟，采用抽排水设备，排除积水，密切监测拱脚下沉。

2. 人员因素防范措施：①进行全面的操作培训，确保操作人员熟悉爆破施工的操作要求，并严格遵守操作规程。②合理安排工作和休息时间，避免长时间连续操作，并提供足够的人员支持。③建立良好的沟通机制，确保信息传递畅通，协调各方工作，以减少操作上的误解或冲突。④进行安全培训和教育，提高人员对安全风险的认识，强化安全意识，促使他们始终将安全放在首位。

第三十节　二次衬砌模板着火典型风险

一、事故案例

2023 年 3 月 14 日 13 时 50 分左右，某项目工地发生二次衬砌模板着火事故，造成经济损失 2026 元。在台车右侧第三作业平台作业的洪某喻等 3 人发现二衬模板右下边角处有明火，在用完 8 个 4kg 手提式干粉灭火器和 1 个 20kg 推车式灭火器后，现场明火仍未完全扑灭，3 人找到附近的消防高压水管继续灭火。14 时 8 分，拨打 119 电话报警；14 时 20 分左右，明火被扑灭，将消防水管固定在衬砌台车顶部模板处，对失火区域进行持续喷水降温，消除暗火后，3 人向隧道安全区撤离。接报后，各方迅速组织现场救援，16 时 8 分，153 名被困人员全部撤出，救援结束。该起火灾过火面积约 80m²，未造成人员伤亡。

二、风险分析

1. 现场用电设施管理因素：①用电设备无绝缘保护装置，用电线路不符合洞内临时用电安全要求。②电缆线乱接乱拉、电缆线破损、临时用电不符合要求。③用电线路不符合洞内临时用电安全要求。

2. 消防设备管理因素：①未配置灭火器。②易燃、易爆等材料无专人管理。③危险品管理安全意识淡薄，消防设备不合格。

3. 焊接施工因素：①焊接时未设临时阻燃挡板，洞内防水板数量超过当班使用量。②瓦斯隧道内进行电焊、气焊作业。③焊接作业前未清除四周易燃易爆物，防火工作不到位。④未设警示标志，未配备防火、防爆消防设备。

三、风险控制措施

1. 现场用电设施管理因素防范措施：①每台用电设备独立设置开关箱，开关箱必须装设隔离开关短路、过载、漏电保护器，严禁设置分路开关。②配电箱、开关箱的电源进线端严禁用插头和插座做活动连接。③严格按照《施工现场临时用电安全技术规范》进行用电组织设计并交底实施，指定专业电工管理临时用电，对作业人员进行安全教育和施工技术交底。

2. 消防设备管理及安全施工技术因素防范措施：①衬砌台车配备 4 台干粉灭火器。②焊接时在防水板一侧设阻燃挡板，电焊、气焊作业前办理动火审批手续。③现场施工管理人员加强洞内巡查力度，发现问题及时制止，洞口、洞内设置相关警示标志。④按要求配备消防器材，并设专人巡视。⑤施工前检查周边环境，清除周围易燃易爆物及杂物。⑥技术员、安全员加强检查，对作业人员进行安全教育和施工技术交底。

第三十一节　掌子面立架作业片帮事故典型风险

一、事故案例

2023 年 6 月 19 日 1 时 47 分，四川省交通建设集团有限责任公司隧道工程分公司承建的位于石棉县境内的泸石高速 TJ8 标段小田湾隧道左洞掌子面立架作业时发生一起片帮事故，造成 3 人死亡，4 人受伤，直接经济损失约 608 万元。

2023 年 6 月 18 日 23 时 30 分许，四川中鼎爆破工程有限公司作业人员对事发段掌子面进行装药，19 日 0 时 30 分进行爆破。19 日 1 时 47 分，在立架过程中，泸定至石棉方向左洞掌子面左侧拱顶和拱腰发生坍塌，掉块砸中正在进行支护的作业人员。事发时周某、郑某斤、申某远、周某相、苏某怀在台车第三阶，陈某土在台车第一阶，向某香与向某传在面向掌子面右侧拱脚处。事故发生后，余某武立即打电话通知四川京泰建工集团有限公司项目部安全员刘某 1、生产管理人员赵某明、技术负责人刘某 2。四川京泰建工集团有限公司项目经理张某龙接报后，迅速组织人员进洞施救，将 8 名被困人员救出。2 时 30 分，"120" 急救医护人员到达现场，郑某斤、向某传经医护人员现场判定死亡，随即将向某香、周某相送往石棉县人民医院，将陈某土、申某远、周某送往石棉县中医医院。5 时 15 分，陈某土因伤势过重经抢救无效死亡。

后经调查认定，该事故是一起企业主体责任不落实，未按照行业规范、设计文件、施工组织设计、专项施工方案组织施工导致的生产安全责任事故。

二、风险分析

1. 管理因素：①属地政府和行业部门监管不到位。属地政府督促相关单位落实安全生产主体责任不力；行业部门未认真履行行业安全监管工作职责，日常监督检查流于形式。②安全管理措施落实不到位。安全生产教育和培训及安全技术交底不到位。对事故隧道掌子面存在事故隐患排查不到位，未及时发现并消除小田湾隧道左洞出口 5 号紧急停车带存在的事故隐患，未及时消除隧道开挖后支护不到位的事故隐患。

2. 技术因素：未按行业规范、设计文件、施工组织设计、专项施工方案组织施工。现场未按上下台阶预留核心土法施工，事故点隧道开挖 6.4m 未做支护，施工现场暴露的围岩未初喷混凝土。

3. 人员因素：项目部管理人员、监理单位主要监理人员履职不到位，未严格按照投标要求投入相关人员，实际负责人不具备相应资格，建设单位审查不到位，事故过程存在迟报行为。

三、风险控制措施

1. 管理因素防范措施：①属地政府和行业部门应严格落实"党政同责、一岗双责"要求及属地管理责任，加大监督检查和监管执法力度，全面排查治理建筑施工领域风险隐患，牢牢守住安全底线，有效防范事故发生。②对从业单位须加强安全教育和培训及安全技术交底工作，加大安全投入，配齐、配强安全生产管理人员；落实行业标准，严格执行安全生产相关规定，严格落实隐患排查等各项规章制度，确保安全生产。

2. 技术因素防范措施：①重视公路隧道工程地质条件的复杂性和不确定性带来的施工风险，进一步提升隧道施工安全技术应用，强化作业流程管理，加快隧道高风险作业"机械化换人"推进速度，确保隧道施工安全。②强化安全风险评估和动态管理工作，切实加强复杂地质条件下隧道施工安全风险防范意识，开展施工风险预测，采取相应的工程措施，加大风险管控力度。③建立健全检测报告审核机制，形成科学超前地质预报报告，全过程服务于隧道施工。

3. 人员因素防范措施：①按照规定配齐专业技术人员和安全管理人员，严格现场安全施工，尤其要加强对危险性较大的分部分项工程的安全管理，将安全生产责任落实到岗位、落实到人头，做到基础管理到位、应急演练到位，确保安全生产。②严格落实合同约定，配备具备相应资格人员到岗履职；建设单位要加强对施工、监理单位监督管理，人员变更需更换资历不低于投标时的人员进场履职。

第四章　水运工程

水运工程中港口工程常见的有重力式码头、高桩码头、板桩码头泊位工程及防波堤与护岸工程。防波堤与护岸工程施工分部工程包括基础施工、堤身工程施工、护面工程施工及上部机构施工。航道工程一般包括疏浚与吹填工程施工、清礁工程施工、整治建筑物工程施工及助航设施工程施工。

第三十二节　基槽及岸坡开挖坍塌典型风险

一、事故案例

2005年7月30日0时10分，广西百色地区由中铁某公司联合体承建的某航运枢纽工程施工现场，发生一起大面积滑坡坍塌事故，30多人紧急撤离，有4人被埋死亡。

二、风险分析

1. 人员因素：①现场作业人员安全生产责任意识不强，作业存在侥幸心理。②作业人员操作失误。③作业人员违规操作，违反规章制度。④管理人员违章指挥，强令冒险作业。

2. 外界影响因素：①当地受台风影响雨水量突然增大，受雨水浸泡导致边坡稳定性下降。②存在滑坡、偏压等不良地质。③边坡边沿停放重型机械或堆放物料等。④截、排水设施不完善。⑤防护形式不得当，防护材料强度不足。

3. 安全管理因素：①未结合当地气象、水文、地质条件等情况编制合理的专项施工方案。②项目部未严格执行相关规范，在进行基础开挖工作以后，为抢工期或由于其他原因边坡支护工作没有及时跟进。③未教育和督促从业人员严格执行本单位的安全生产规章制度和安全操作规程。④施工作业人员安全技术交底不到位，未按照施工方案进行施工作业。⑤作业人员安全教育不到位，安全生产意识淡薄，出现危险征兆仍未高度重视。⑥从业单位应急演练不到位，出现突发状况应对不力。⑦监理人员对施工单位的安全管理工作监督不到位。

三、风险控制措施

1. 人员因素防范措施：①与现场作业人员签订安全生产责任书，使其明确自身安全责任，增强安全责任意识。②加强作业人员技术交底，使其明确操作规程。③加强对作业人员的教育培训，提升其安全生产意识。④加强管理人员教育培训，提升其安全生产意识和安全管理水平。

2. 外界影响因素防范措施：①加强与气象部门等的沟通，遇极端天气停止施工，并做好支护等相关安全措施。②在施工过程中进行沉降和位移观测，发现与地质资料不符的软弱土层等，及时与设计单位沟通，研究处理方案。③边坡及基坑周围的机械设备和堆存的物料等距边沿的距离必须满足边坡稳定或设计的要求。④在适当位置设置截、排水设施。⑤根据坡度、土质等情况采取恰当的防护措施，严把材料采购关，确保防护材料强度可靠。⑥进行机械土方开挖时，应由专人指挥，机械与边坡、沟槽的边线保持安全距离。

3. 安全管理因素防范措施：①结合当地气象、水文、地质条件等情况编制合理的专项施工方案。②严格执行相关规范，严禁为抢工期或由于其他原因延误边坡支护工作。③制定责任奖惩制度并严格落实，倒逼从业人员严格履行自身安全生产责任。④加强教育培训，督促从业人员严格执行本单位的安全生产规章制度和安全操作规程。⑤加强施工作业人员安全技术交底，督促其按照施工方案进行施工作业。⑥经常开展安全警示教育，增强一线作业人员及安全管理人员安全生产意识和对生命的敬畏意识。⑦制定切实可行的应急预案，并在施工前进行应急演练，出现突发状况能够及时应对。⑧监理人员应根据项目安全监理细则做好施工安全监理工作，发现存在安全事故隐患的，应当要求施工单位整改；情节严重的，应当下达工程暂停令，并及时报告建设单位。

第三十三节　水下爆破爆炸典型风险

由于水下爆破施工受水深、流速、风浪等因素影响比较大，爆破和地震波的影响范围大，而且有多次重复性，水下爆破过程中出现殉爆、拒爆和残留废孔率的情况均较陆地爆破多，因此水下爆破施工作业中爆炸的风险较高。

一、事故案例

在某基槽炸礁施工中，由于炸药爆炸不当，导致周围海域受到严重污染，并对附近船只造成了一定程度的损害，直接损失较大；事故使周围海域水质下降，影响海洋生态平衡；社会影响恶劣，相关部门对施工单位进行了严厉的处罚。

二、风险分析

1. 人员因素：①爆破相关作业人员未持有效证件上岗作业。②警戒人员现场警戒不到位，导致其他船舶靠近施工海域。③施工人员采取的防护措施不到位，或未合理配置安全设施和防护用品，施工人员安全保障措施不全面。④非相关人员违章进入爆破区域。⑤作业人员对操作规程等不熟悉，操作错误或违章作业。⑥管理人员无视生命，违章指挥，强令冒险作业。⑦作业人员身体状况异常，疲劳作业或带病作业出现失误。

2. 外界环境影响因素：①基槽炸礁过程中，周边岩体的不稳定，影响现场爆破。②雷电、台风、大雾等极端天气影响。③作业区照明不足，给作业造成影响。④炸药的保存、运输等不符合相关要求。⑤受水流、爆破区杂乱电流等影响。

3. 管理因素：①爆破作业人员未严格按照《爆破安全规程》《水运工程爆破技术规范》及施工组织设计进行操作。②爆破器材不合格，爆破时出现问题。③爆破的安全距离不足，影响附近船只等。④爆破未专门设置指挥人员，或指挥信号不清。⑤现场警示标志设置不足或被破坏后未及时补充设置。⑥安全教育培训、交底、检查制度制定不完善或未有效落实。⑦对爆破施工队伍、作业人员的资质审查不到位。⑧爆破用品管理制度制定不完善或未有效落实。⑨爆破作业操作规程制定不规范。

三、风险控制措施

1. 人员因素防范措施：①从事爆破工程的施工单位及爆破作业人员必须具有相应的爆破资质证书、作业许可证和资格证书。②爆破作业必须设置警戒人员或警戒船，起爆前必须按规定发出声、光等警示信号。③施工人员应采取有效的防护措施，合理配置安全设施和防护用品，全面保障施工人员安全。④严格禁止非相关人员违章进入爆破区域。⑤施工单位应加强培训教育，确保操作人员具备相应的操作技能和安全意识。⑥对现场管理人员加强培训，增强其责任意识，坚决禁止违章指挥和强令冒险作业。⑦加强对一线作业人员的身体状况检测，严禁疲劳作业和带病作业。

2. 外界环境影响因素防范措施：①爆炸挤淤后理坡时，应对爆填形成的"石舌"进行检测，并采取防止石体坍塌的措施。②遇热带风暴或台风即将来临，雷电、暴风雪来临，雾天能见度不超过100m，风力超过6级，浪高大于0.8m，水位暴涨暴落等恶劣天气或水文状况时，应停止爆破作业，所有人员应立即撤到安全地点。③作业区应保证充分照明。④在波浪、流速较大的水域进行水下裸露爆破时，投药船应由定位船进行固定。

3. 管理因素防范措施：①施工单位应按照批准的爆破设计书或爆破说明书编制施工组织设计，爆破作业应严格执行施工组织设计。②爆破作业人员严格按照《爆破安全规程》《水运工程爆破技术规范》及施工组织设计进行操作。③爆破工程施工必须取得有关部门批准。④爆炸源与人员、其他保护对象的安全允许距离应按地震波、冲击波和飞散物三种爆破效应分别计算，取其最大值。⑤爆破作业前发布爆破通告，其内容应包括爆破地点、爆破起爆时间、安全警戒范围、警戒标志和起爆信号等。⑥制定安全教育培训、交底、检查爆破用品管理等各项制度并保证落实到位。⑦严格审查爆破施工队伍及作业人员资质。⑧加强现场监管和检查，及时发现并纠正不安全行为和状态。⑨水下爆破引爆前，潜水员必须回到船上，警戒区内的所有船舶和人员必须移至安全区。⑩爆破后检查是否有盲炮。发现盲炮应立即进行安全警戒，并及时报告处理。电力起爆前发生盲炮应立即切断电源并将爆破网络短路。

第三十四节　沉箱预制物体打击典型风险

由于沉箱高度一般较大，预制过程涉及高处作业、起重作业等，因此发生物体打击、高处坠落的风险较高。

一、事故案例

某大型预制构件厂，工人们进行混凝土浇筑工作时，在浇筑过程中发现混凝土无法顺利流动到沉箱的角落部分，而且角落部分的混凝土似乎被"卡住"了。为了让混凝土更好地流动，工人采取加大振动强度的措施。然而，这一措施并没有起到预期的效果,反而导致了混凝土的开裂和崩塌。在混凝土崩塌的瞬间,两名工人被飞溅的混凝土砸伤,其中一人头部受到重创,陷入昏迷状态。

二、风险分析

1. 人员因素:①工人安全生产意识不强,未向上级请示也未充分观察和分析原因盲目采取措施,导致操作错误,违章作业,致使混凝土开裂、崩塌。②现场作业人员未正确使用或佩戴安全防护用品。③管理人员违章指挥,强令冒险作业。④外来人员违章进入施工区域。⑤现场作业人员身体状况欠佳,工作出现失误。⑥高处作业人员未将随身携带的工具装入工具袋。

2. 外界影响因素:①安全防护用品不合格。②现场安全警示标志等缺失。③台风等恶劣天气影响。

3. 安全管理因素:①施工方案不完善或安全措施考虑不全面。②安全防护用品、机械设备等进场未验收或验收不到位。③安全投入不足。④从业单位安全管理力度不足,导致工人安全责任意识较差,未充分落实安全生产责任。⑤安全教育培训、交底、检查制度等不完善或未落实。⑥存在立体交叉作业,且未搭设安全防护棚或未采取有效的措施。⑦未制定有效的应急预案或未及时开展应急演练。⑧监理人员监理不到位,未及时制止施工人员不当的操作行为。

三、风险控制措施

1. 人员因素防范措施:①班前会及施工期间注意提示现场作业人员未正确使用或佩戴安全防护用品。②针对一线作业人员开展全面培训,使其熟知操作规程,避免出现操作错误。③明确管理人员安全职责,严禁违章指挥和强令冒险作业。④做好施工区域围挡和人员看守,严禁无关人员进入施工区域。⑤密切注意现场作业人员身体状况和情绪,避免工作失误。

2. 外界影响因素防范措施:①严格对安全防护用品等进行进场验收,不合格产品一律不能进入施工现场。②加强现场安全警示标志的设置和安全生产氛围的营造,利用广播、大屏等不断提示作业人员注意人身安全。③台风等恶劣天气来临前停止施工作业,做好应急准备。

3. 安全管理因素防范措施:①制定完善的施工方案,保证安全措施落实到位。②保证充足的安全生产经费，配齐配足合格的安全防护用品。③与一线作业人员签订完善的安全生产责任书，明确其安全责任，提升其安全责任意识。④从业单位加大安全管理力度，加强日常安全检查，发现隐患立即整改。⑤加强从业人员安全教育培训、交底等制度的制定和有效落实。⑥优化工艺流程，避免上下交叉作业，无法避免时搭设安全防护棚或采取有效的安全防护措施。⑦高处作业现场所有可能坠落的物件预先撤除或进行固定。所存物料应堆放平稳，作业工具应装入随身工具袋，拆卸的物料不得向下抛掷。⑧制定有效的应急预案并及时开展应急演练。⑨健全完善沟通机制，出现问题及时询问相关技术人员，防止出现盲目采取措施的情况。

第三十五节　沉箱预制厂机械伤害典型风险

一、事故案例

2017年11月24日8时50分33秒，大连港湾工程有限公司沉箱预制厂搅拌站一名工人周某在清理混凝土搅拌筒时，被突然启动的搅拌机搅死。2017年11月23日18时左右，丹东利衡模板班组工长孟某告知王某11月24日上午9时需要混凝土。11月24日7时30分左右，王某到搅拌站二楼，朝搅拌机房门口（搅拌机房门平时不锁）看了一下，没发现里面有人，也没有声响，然后王某用钥匙打开设备控制室门，打开控制电源柜门，开通电源，在设备操作台打开钥匙开关，检查仪表，7时40分左右启动1号搅拌机，搅拌机运转时听到有异响，立即关闭，从控制室来到搅拌机房，看到搅拌机检修盖开着，便从检修口进入搅拌筒内，用手机照明，发现里面有人已经被搅烂。该事故发生的直接原因：一是周某在进入搅拌筒内进行清理作业前，未挂上"禁止合闸"标牌，且在无人监护情况下，盲目进入搅拌筒内进行清理作业；二是王某在启动搅拌机前未按照港湾公司的《混凝土搅拌站操作规程》"作业前检查项目应符合下列要求：搅拌筒内和各配套机构的传动、运动部位及仓门、斗门、轨道等均无异物卡住"的规定，检查巡视搅拌机是否符合安全要求；三是搅拌机检修盖已有的弹簧式限位开关失灵，导致搅拌机缺少联锁保护。

二、风险分析

1. 人员因素：①作业人员安全意识不强，在进入搅拌筒内进行清理作业前，未挂上"禁止合闸"标牌，且在无人监护情况下，盲目进入搅拌筒内进行清理作业。②作业人员违反公司相关规定，在试机前未认真检查搅拌机是否符合安全要求。③作业人员在实施危险作业前，未填写"危险作业审批表"。

2. 管理因素：①对搅拌筒清理作业的安全教育和安全措施落实不到位。②对搅拌筒清理作业落实危险作业审批制度不到位。③对搅拌筒清理作业存在的风险辨识不足，未告知作业人员搅拌筒清理作业存在机械伤害的风险。④未对搅拌筒清理作业进行专项安全检查，隐患排查治理不到位。⑤落实危险作业审批制度督促、检查不到位。⑥机械设备管理不到位，未及时检查发现并对搅拌机限位开关失灵进行维修。⑦未组织制订本单位安全生产教育和培训计划，安全教育培训不到位。

三、风险控制措施

1. 人员因素防范措施：①加强人员安全教育培训，提升安全生产意识。②加强一线人员安全交底，告知施工过程中存在的风险和应急逃生相关知识。③签订安全生产责任书，强化人员安全责任意识。

2. 管理因素防范措施：①加强风险分级管控，建立风险告知制度，进行危险作业时组织人员采取监护措施进行作业。②抓好隐患排查治理，逐项、逐条抓好隐患、问题的整改，合格后方可进行施工作业。③加强作业现场安全管理，进行危险作业时，严格按照"危险作业管理制度"规定进行申报，落实监护措施，未经审批的危险作业禁止开工。④要进一步落实全员安全生产责任制、安全承诺公告制、安全风险防控可靠性报告单制和日检查、周报告、月调度制四项机制的贯彻落实，制定和采取可靠管控措施，逐级落实管控责任，加强安全风险研判，切实做到不安全不公告。

第三十六节 沉箱出运倾覆、淹溺典型风险

由于沉箱一般体积大、重量大，且受潮水、气象等条件影响较大，因此沉箱出运过程中发生沉箱倾覆、淹溺、机械伤害的风险较大。

一、事故案例

2018年10月3日13时40分左右，山东港湾建设集团有限公司承建的日照钢铁精品基地配套矿石码头工程（以下简称"矿石码头工程"）在沉箱出运过程中发生倾覆事故，造成7人死亡，2人失踪，直接经济损失1450万元。该工程采用重力式沉箱结构，共有沉箱29个，沉箱长×宽×高＝19.58m×19.21m（含前趾1.0m）×28.0m，格仓尺寸3.6m×4.2m，格仓纵向4列、横向5排，沉箱单重为4550t。沉箱出运采用台车顶升平移的工艺，由浮船坞承接和出运，600t起重船助浮出坞。该事故发生的主要原因是沉箱出运过程中，事发水域潮流流态紊乱、流向急剧变化，起重船后移方向与流向相反，组合力矩使沉箱在移动过程中产生一定的倾斜，起重船力矩限制器显示吊重数据不稳定、误差较大，大多数显示吊重数据大于实际吊力，操作工操作起重船吊力未达到技术方案要求的320t，致使沉箱发生倾斜，并最终倾覆。

二、风险分析

1. 环境影响因素：①海上作业潮流流态较为紊乱、流向急剧变化。②受拖航沿线的航道水深、航道宽度、暗礁、浅点、渔网等影响。③受海上大风、涌浪等影响。

2. 人员因素：①作业人员安全生产意识不强，安全防护措施落实不力。②机械操作人员没有定期对力矩限制器进行维护保养，没有及时发现力矩限制器显示吊重数据不稳定和误差较大等问题。③施工队伍管理人员未定期组织安排对力矩限制器进行维护保养，未及时发现显示吊重数据不稳定和误差较大的问题。④指挥人员未严格按照规定的安全保证措施和技术操作要点指挥沉箱出运作业，未

及时发现沉箱干舷高度未达到要求。⑤管理人员履行安全生产岗位职责不到位，未按规定组织制定安全生产管理制度、操作规程、应急预案等。⑥主要负责人员未严格落实沉箱出运作业过程中的安全保证措施和技术操作要点。⑦安全管理人员落实安全员岗位职责不到位，安全生产检查不到位。⑧安全监理工程师落实职责不到位，核查项目部落实安全生产责任制和施工安全措施、安全教育培训、安全技术交底情况不到位，未按规定对沉箱出运作业进行安全巡视。

3. 管理因素：①对船舶等机械设备日常管理不到位。②隐患排查治理不深入，未及时发现力矩限制器显示吊重数据不稳定、误差较大的问题。③组织制定的安全生产责任制度不健全，安全管理制度和操作规程不完善。④落实安全生产责任制、安全生产规章制度不力，安全生产教育培训不到位。⑤未严格按照安全技术交底进行沉箱出运作业。⑥严格落实专项施工方案中规定的安全保证措施和技术操作要点不到位。⑦风险分级管控不到位，未全面分析沉箱出运作业过程中可能导致沉箱倾覆的危险因素。⑧隐患排查治理制度落实不力，各级各单位安全检查不深入、不彻底。⑨应急管理不到位，未组织开展沉箱倾覆的应急救援预案演练。⑩监理公司未严格贯彻落实国家有关安全生产的法律法规政策，组织督促监理处开展安全检查，现场巡视不力。

三、风险控制措施

1. 技术、工艺因素防范措施：①对沉箱采用浮船坞加浮吊"助浮"出运的工艺，加强对相关船舶、机械设备的管理、检查，定期对力矩限制器进行调试和标定。②对施工方案相关的各项关键技术环节要进行充分论证，通过相关试验验证沉箱吃水、压载、浮游稳定、助力等相关数据，加强吊力和干舷高度控制措施，增加醒目的干舷高度警示标志，运用声光等技术，进一步完善确认干舷高度措施。③根据环境条件及时优化施工作业。④沉箱下水前应对通水阀门操作系统及沉箱、通水阀门的密封性能进行检查。⑤沉箱吃水、压载和浮游稳定必须按相关规范进行验算，并满足要求。使用液体压载还必须验算自由液面对浮游稳定的影响。⑥拖运沉箱应根据拖力计算和水域情况，选用足够功率并有收放拖缆设施的拖轮。⑦在沉箱拖航方向的外侧应标绘明显的吃水线。航行中，应随时观察沉箱吃水变化，并做好记录。如有异常，应迅速采取措施。⑧沉箱顶面应进行水密封舱，并应在封舱盖板上设置防滑护栏等安全防护设施。盖板的结构应根据施工荷载经计算确定。

2. 环境影响因素防范措施：①加强对施工现场自然环境条件的观测，对施工过程中的风、浪、流、潮位加强监测、分析、预报。②进一步提高对海上施工条件复杂性和风险性的认识。③拖航前应对拖航沿线的航道水深、航道宽度、暗礁、浅点、渔网和水产养殖区等进行勘察并在海图上标明。④沉箱近程拖航前，应掌握中、短期水文气象预报资料。当风力不大于 6 级且波高不大于 1.0m 时，方可起航拖运。

3. 人员因素防范措施：①加强从业人员的安全生产教育培训及技术交底，确保作业人员严格按照操作规程和专项施工方案施工。②加强机械操作人员的交底，保证定期对力矩限制器进行维护保养。③定期签订各类人员安全生产责任书，明确其安全生产责任。④按照规定配齐专业技术人员和安全管理人员。⑤加大安全监理工程师责任落实力度，明确其具体职责，严格核查项目部落实安全生产责任制和施工安全措施、安全教育培训、安全技术交底情况及安全巡视力度。

4. 管理因素防范措施：①高度重视水文、气象条件的复杂性和不确定性带来的施工风险，强化安全管理。②进一步提升施工安全技术应用，强化作业流程管理，加快高风险作业"机械化换人"推进速度，确保施工安全。③加强项目管理，严格按照相关规定安排具备相应资格的人员担任项目负责人。④强化安全风险评估和动态管理工作，切实加强复杂条件下施工安全风险防范意识，开展施工风险预测，采取相应的工程措施，加大风险管控力度。⑤确保现场安全施工，尤其要加强对危险性较大的分部分项工程的安全管理。⑥将安全生产责任落实到岗位，落实到人头，做到安全培训到位、基础管理到位、应急演练到位，确保安全生产。⑦加强交底管理，严格要求按照行业规范、设计文件、施工组织设计、专项施工方案组织施工。⑧严格按照合同约定，配备具备相应资格管理人员到岗履职。⑨按照监理规范和监理合同依法履行监理职责，严格落实合同约定，配备具备相应资格监理人员到岗履职。⑩监理单位应加强对施工单位监督管理，及时纠正施工过程中存在的违法违规行为。

第三十七节　方块、沉箱吊运安装起重伤害典型风险

一、基本情况

预制的方块及沉箱达到设计规定的强度后均需从存放场地运至施工地点进行安装，此过程均涉及起重吊装，通常吊运作业包括水上吊运和陆上吊运，大型方块及沉箱的吊运还经常需两台及以上起重设备共同吊运，其中涉及的机械设备也较多，对起重设备、操作人员及彼此协作都有很高要求，因此方块及沉箱起重吊装作业时造成起重伤害的风险较高。

二、风险分析

1. 人员因素：①起重设备操作人员、司索工及指挥人员不具备特种作业资格证书。②操作人员技术不熟练，对起重设备性能不清楚，技术不熟练。③司索工等作业人员经验和分析判断能力差，捆绑物品对物体重心掌握不够，物体重量估计不准，超载起吊。④作业人员在意外事件发生后应急反应差等。⑤作业人员配合不当，导致动作失误伤人。⑥检修作业时图省事、图方便，没有严格执行停、送电操作牌制度，盲目上场作业，在设备运行中作业，或设备突然启动而产生伤害。⑦操作人员违章作业，作业期间无统一指挥，无人监护，冒险蛮干。⑧作业人员未正确穿戴安全防护用品。

2. 设备因素：①设备本体存在隐患，安全装置、保险设施不全或失效。②设备出现故障，起重机械操作系统失灵或安全装置失效，如制动装置失灵而造成重物的冲击和夹挤。③起重吊具失效，如吊钩、抓斗、钢丝绳等物损坏而造成重物坠落。④起重机支腿未全部伸出。

3. 外界环境因素：①采用龙门吊，天车运行区域采光设计不合理，人工照明照度不足，长期作业，容易使操作者眼睛疲劳，视力下降，产生误操作。②大雨、雾、大雪及六级以上大风等恶劣天气进行吊装作业。③地面支撑强度不足，造成支腿不均匀下陷。④自然通风效果差，尤其是夏天，天气炎热，特别是运行

在高温高湿环境区域的天车，操作工极易出现中暑现象。⑤噪声的影响，粉尘、有毒有害气体的影响。

4. 管理因素：①生产管理和劳动组织不合理。②安全教育、培训不到位，特种作业人员无证上岗。③规章制度不健全，新上设施未做到"三同时"管理等。④管理不到位，出现违反"十不吊"相关规定的操作未及时制止。

5. 施工因素：①作业过程中发现支腿沉陷或其他不正常情况时，未进行调整继续作业。②开始起吊前，未先试吊，未检查起重机的稳定性、制动装置的可靠性、构件的平衡性和绑扎的牢固性等。③已吊起的构件长久停滞在空中。④已吊起的构件下面或起重臂下旋转范围内有人作业或行走。⑤起吊时突然制动，回转时动作不平稳，在回转未停稳前做反向动作。⑥汽车起重机靠近架空输电线路或在架空输电线路下行走时，与架空输电线的安全距离不符合现行行业标准和其他相关标准的规定。⑦伸缩臂操作错误，起重机已经满负荷的情况下操作伸缩臂，造成瞬间超载翻车。

三、风险控制措施

1. 人员因素防范措施：①加强教育培训，增强操作人员的安全意识，掌握安全技能，遵章守纪，敬业爱岗，严格遵守安全操作规程和其他安全管理制度。②特种作业人员取得特种作业操作证后，方可上岗作业。③加强安全检查和考核力度，及时纠正违章指挥、违章操作、违反劳动纪律的现象，各类检查应将其作为重点内容。

2. 设备因素防范措施：①从设计、制造、安装、维修等环节严格把关，及时消除隐患，确保设备本质安全，主要推广先进的安全技术，通过科研、技术革新等技术手段，提高设备本质安全化程度。②加强设备的维护保养，保证安全附件装置应齐全有效。③凡新购、大修、改造、新安装及使用、停用时间超过规定的汽车起重机，均应按有关规定进行技术检验，合格后方可使用。④汽车起重机启动前应重点检查各安全保护装置、指示仪表、钢丝绳及连接部位等，均应符合相应要求。

3. 外界环境因素防范措施：①汽车起重机工作的场地应保持平坦坚实，符合起重时的受力要求。②汽车吊应与沟渠、基坑保持安全距离。③作业前应将支腿全部伸出，并应支垫牢固。调整支腿应在无载荷时进行，并将起重臂全部缩回，转至正前或正后方可调整。④大雨、雾、大雪及六级以上大风等恶劣天气应停止吊装作业。⑤雨雪后进行吊装作业时，应及时清理冰雪并采取防滑和防漏电措施。先试吊，确认制动器灵敏可靠后方可进行作业。

4. 管理因素防范措施：①健全制度，应针对起重机械的特点，制定详细的安全规章制度。②落实责任，体现"谁主管、谁负责""谁使用、谁负责"的原则。③职能科室部门应按制度规定落实管理措施，要督促职工严格执行安全操作规程和有关规章制度，严格遵守"十不吊"制度。④对起重机等特殊设备应定期组织专业的安全检查，排查设备隐患，对查出的问题应落实到责任单位和责任人，拿出切实可行的整改方案限期进行整改。职能部门对整改情况进行落实、反馈、考核。⑤加强安全防护措施，如安装安全网、安全带等，确保工人作业安全。⑥加强风险认知和应急知识学习，使工人明确认识施工过程中存在的风险、防范措施和出现突发事件的应对措施。⑦严格按照施工方案开展施工作业，使各施工流程更加严密，不出差错。⑧改良施工工艺，降低施工风险。⑨制定完善的应急预案并开展应急演练，突发事件发生时能快速有效进行应对。

5. 施工因素防范措施：①作业过程中发现支腿沉陷或其他不正常情况时，应立即放下吊物，进行调整后，方可继续作业。②开始起吊前，应先试吊，检查起重机的稳定性、制动装置的可靠性、构件的平衡性和绑扎的牢固性等，确认无误后，方可继续起吊。③已吊起的构件不得长久停滞在空中，不得在构件上堆放或悬挂零星物件。④严禁在已吊起的构件下面或起重臂下旋转范围内作业或行走。起吊时应匀速，不得突然制动，回转时动作应平稳，在回转未停稳前不得做反向动作。⑤汽车起重机靠近架空输电线路或在架空输电线路下行走时，与架空输电线的安全距离应符合现行行业标准和其他相关标准的规定。

第三十八节　胸墙施工坍塌典型风险

胸墙施工开展浇筑作业时对模板的强度、浇筑的速度都有严格要求，因此施工过程中出现坍塌的风险较高。

一、事故案例

在某码头上部结构施工过程中,码头上部结构的支撑系统出现了问题,导致码头上部结构部分坍塌,造成人员伤亡和财产损失。

二、风险分析

1. 人员因素:①操作人员不熟悉安全操作规程,操作错误。②作业人员未正确佩戴劳保用品、做好安全防护措施。③特种作业人员未经考核合格并持有效操作证上岗。

2. 施工因素:①胸墙浇筑过程中,如果支撑结构不稳定或不符合安全标准存在缺陷,可能导致坍塌事故。②基础排水设施不完善,地基承载力不足、基础下沉。

3. 管理因素:①对作业人员技术交底不到位,导致其对混凝土浇筑速度控制不到位,螺栓紧固出现问题。②施工方案不完善或未落实。③管理人员违章指挥或作业人员操作错误。④未对支架材料、安全防护用品等进行进场验收或验收不到位。

三、风险控制措施

1. 人员因素防范措施:①确保操作人员受过适当培训,熟悉安全操作规程。②作业人员要正确佩戴安全帽、系好安全带。特种作业人员必须经考核合格并持有效操作证上岗,临水作业人员必须正确穿戴救生衣,高处作业人员必须正确系挂安全带。③特殊工种、设备操作人员必须经过专门的安全技术培训,考试合格后持证上岗,并定期体检;同时对持证人员进行核验,确保人证相符。

2. 施工因素防范措施:①现场浇筑混凝土时,应避免在风暴来临前浇筑。②根据水位情况考虑风浪对模板和未达到设计强度混凝土的不利影响,应采取相应的保护措施。③混凝土运输及泵送设备进场时,应有专人进行指挥。④使用陆上泵送混凝土,必须按照泵送设备安全操作规程进行操作。⑤使用水上搅拌船进行混凝土浇筑,除必须按照混凝土搅拌船安全操作规程进行操作外,还应密切注意天气情况,同时加强与周边作业船舶沟通配合。⑥用吊罐浇混凝土时,速度应缓慢,且必须待吊斗停稳后方可下料。

3. 管理因素防范措施：①模板存放选择坚硬平整的场地，并做好模板支撑点。②对支撑结构进行严格检查和验收，确保其稳定性。③对留有死角或损坏的防护栏杆及时进行加固或更换。④及时对模板站台踏板进行加固维修和更换。⑤作业前要对设备、机具进行检查，检查合格方可使用。⑥模板组装加固要符合模板组装设计要求。⑦施工前结合当地气象、水文、地质及航道通行等情况，编制专项施工方案，报审后方可实施。⑧编制有针对性的作业指导书，做好进场作业人员安全教育培训。⑨组织不同层级的专项安全技术交底并开展重大致险因素与管控方案告知。⑩大体积混凝土构件浇筑前，应对侧模、底模、承重结构和支撑结构进行强度、刚度及稳定性验算。

第三十九节　水运工程施工船舶伤害事故典型风险

一、基本情况

在水运工程施工过程中，起重船、打桩船、挖泥船、半潜驳、浮船坞、炸礁船等大、小型船舶均发挥了巨大作用，但受海域使用限制等影响，施工过程中出现船舶碰撞、起火等船舶伤害的风险较高。

二、风险分析

1. 人员因素：①船舶作业人员未持证上岗，操作错误。②在施工过程中，船舶上作业人员未及时与过往船舶联系，发生碰撞等。③船舶上管理人员玩忽职守，对各设备设施的维护保养不及时。④乘船人员不遵守规定，站于舷边。⑤船未停稳就上下船。

2. 外界环境因素：①受用海限制，施工场地狭小，交叉作业严重，出现碰撞等状况。②受海上风浪影响，船舶控制不良。③受大雾等极端天气影响，能见度不足。④船舶临时锚泊地有浅滩、水下暗礁或其他障碍物。

3. 管理因素：①船舶通信、消防、救生、堵漏设备及应急防护设备或设施配备不齐全，未定期检查。②船舶未保持正规的瞭望，未对可能发生的碰撞危险进行判定，并做出相应的处置。③船舶航行、作业或停泊时未固定船舶舱室门、甲板设备。④船舶的梯口、应急场所未设置醒目的安全警示标志。⑤船舶疏散通道、安全出口不畅通，防火防烟分区、防火间距不符合消防技术标准；配电板或电闸箱附近未放置灭火器材。⑥船舶甲板、通道和作业场所无防滑装置。⑦船舶临时锚泊地未进行水深测量，浅滩、水下暗礁和障碍物均应设置明显警示标志。⑧施工船舶、交通船超出核定航区或作业水域施工。⑨施工船舶在作业、航行、停泊时未按规定显示号灯或号型，救生艇上的设备和物资欠缺。

三、风险控制措施

1. 人员因素防范措施：①船舶作业人员应持证上岗，严格遵守操作规程。②在施工过程中，船舶值班人员应加强高频值守，及早与过往船舶进行联系，做到"四早一服从"（早瞭望、早鸣笛、早减速、早联系，严格服从交管中心指挥）。③船上人员应及时对船舶的设施设备进行维护保养，防止电路等出现老化现象。④交通船应按核定人数载人，不得超员运行或客货混装。⑤乘船人员不得在航行中站、坐于安全护栏的舷边。⑥对登船和下船的乘员人数应进行清点和记录。乘员上下交通船应待船舶停稳后，按顺序上下。

2. 外界环境因素防范措施：①与海事部门加强沟通，施工场地尽量满足需求，尽量避免交叉作业。②与气象部门加强沟通，大风、大雾、大浪等影响严重时暂停。③船舶临时锚泊地应进行水深测量，防止触礁等。

3. 管理因素防范措施：①船舶应配备有效的通信、消防、救生、堵漏设备及应急防护设备或设施，并定期检查。②船舶应利用有效手段保持正规的瞭望，对可能发生的碰撞危险进行判定，并做出相应的处置。③船舶航行、作业或停泊时应固定船舶舱室门、甲板设备。④船舶的梯口、应急场所应设有醒目的安全警示标志。⑤船舶疏散通道、安全出口应保持畅通，保证防火防烟分区、防火间距符合消防技术标准；配电板或电闸箱附近应备放扑救电气火灾的灭火器材。⑥船舶甲板、通道和作业场所应根据需要设有防滑装置。⑦船舶临时锚泊地浅滩、水下暗礁和障碍物应设置明显警示标志。⑧船舶穿越桥孔或架空管线前，必须了解其水域情况。⑨船舶进出的航行通道、抛锚区和锚缆摆动区严禁架设或布设临时电缆线。⑩施工船舶、交通船必须在核定航区或作业水域内施工，施工船舶在作业、航行、停泊时应按规定显示号灯或号型，救生艇上的设备和物资应完好有效。

第四十节 水上钢便桥和钢平台架设、拆除坍塌事故典型风险

一、基本情况

在水运工程中，码头及引桥施工过程中经常运用钢便桥和钢平台进行施工作业，但海上施工水文、地质条件都比较复杂，受海平面浪潮上涨影响也较大，因此钢便桥和钢平台的架设、拆除施工安全风险均较高。

二、风险分析

1. 管理因素：①施工方案不完善或未严格落实，排水不及时造成回淤。②进场作业人员安全教育培训、技术交底等不到位。③特种作业人员持证上岗把关不严。④钢便桥或钢平台拆除顺序错误。⑤施工人员安全意识不强，人员、设备、船只等未按要求在当日工作完成后撤至安全地带。

2. 外界环境因素：①强风、大雨天气施工，严重影响露天拆除作业。②对自重荷载、施工荷载、水流力、波浪力、风力、船舶挤靠力等考虑不周全。

三、风险控制措施

1. 管理因素防范措施：①施工前结合施工地气象、水文、地质及航道通行等情况，编制专项施工方案，报审后方可实施。②按照使用要求和相应技术规范进行设计和施工，并设置安全警示标志。③雾、雨、雪天以及风力大于或等于6级的天气，应停止露天拆除作业。④平台拆除应采用自上而下、逐层分段、先水上后水下的拆除方法。⑤平台拆除施工严禁采取上下立体交叉作业的施工方法。水平作业的各工位间距必须保持足够的安全距离。⑥当日拆除施工结束后，所有人员、船机及各施工机具应撤至拆除物可能自行倒塌影响范围以外。

2. 人员因素防范措施：①编制有针对性的作业指导书，做好进场作业人员

安全教育培训；组织不同层级的专项安全技术交底并开展重大致险因素与管控方案告知。②特种作业人员必须经过专门的安全技术培训，考试合格后持证上岗，并定期体检；同时对持证人员进行核验，确保人证相符。

3. 设计因素防范措施：①便桥、平台等尽量选择在水域开阔、岸坡稳定、波浪和流速较小、水深适宜、地质条件较好的地段。②设计水上工作平台考虑自重荷载、施工荷载、水流力、波浪力、风力和船舶挤靠力等。③水上工作平台顶部应满铺面板，面板与下部结构连接应牢固，悬臂板应采取有效的加固措施。④应按照使用要求和相应技术规范进行设计和施工。

第四十一节　防波堤施工现浇混凝土坍塌、淹溺典型风险

防波堤与护岸工程施工分部工程包括基础施工、堤身工程施工、护面工程施工及上部结构施工。防波堤施工过程中上部结构的大体积混凝土浇筑过程发生淹溺、坍塌的风险较高。

一、事故案例

2010年6月15日，位于某海域的某新建防波堤工程项目在进行浇筑过程中，堤心石堆突然发生坍塌，造成正在作业的10名工人落水，其中3人死亡，7人受伤。

二、风险分析

1. 外界环境因素：①防波堤工程施工常常面临台风、潮汐、海浪等自然灾害的威胁，这些灾害可能导致工程损坏、人员伤亡和进度延误。②施工区域的地质条件可能存在不稳定因素，如滑坡、泥石流等，可能对施工安全造成威胁。③大体积混凝土浇筑前，对侧模、底模承重结构和支撑结构强度、刚度及稳定性未进行充分验算，导致结构失稳。④未根据水位情况考虑风浪对模板和未达到设计强度混凝土的不利影响，而采取相应的保护措施。

2. 管理因素：①未编制有针对性的作业指导书，未做好进场作业人员安全

教育培训和专项安全技术交底，未开展重大致险因素与管控方案告知。②特殊作业人员未持证上岗，并定期体检；未对持证人员进行核验，确保人证相符。③使用陆上泵送混凝土，未按照泵送设备安全操作规程进行操作。④使用水上搅拌船进行混凝土浇筑，未按照混凝土搅拌船安全操作规程进行操作，未密切关注天气情况，未加强与周边作业船舶沟通配合。

三、风险控制措施

1. 外界环境因素防范措施：①施工前结合当地气象、水文、地质及航道通行等情况，编制专项施工方案，报审后方可实施。②现场浇筑混凝土时，应避免在风暴来临前浇筑。根据水位情况考虑风浪对模板和未达到设计强度混凝土的不利影响，并采取相应的保护措施。

2. 管理因素防范措施：①编制有针对性的作业指导书，做好进场作业人员安全教育培训，组织不同层级的专项安全技术交底并开展重大致险因素与管控方案告知。②特种作业人员必须经专门安全技术培训，考试合格持证上岗，并定期体检；同时对持证人员进行核验，确保人证相符。③大体积混凝土构件浇筑前，应对侧模、底模、承重结构和支撑结构进行强度、刚度及稳定性验算。④使用陆上泵送混凝土，必须按照泵送设备安全操作规程进行操作。⑤使用水上搅拌船进行混凝土浇筑，除必须按照混凝土搅拌船安全操作规程进行操作外，还应密切关注天气情况，同时加强与周边作业船舶沟通配合。⑥定期进行安全检查，及时发现和消除安全隐患。⑦制定应急预案，提高应对突发事件的能力。

第四十二节　航道疏浚爆破爆炸典型风险

航道工程一般包括疏浚与吹填工程施工、清礁工程施工、整治建筑物工程施工及助航设施工程施工。较为常见的是疏浚与吹填工程施工和清礁工程施工。

一、事故案例

事故发生于一项航道工程施工过程中，施工单位在未进行充分的安全风险评估和采取预防措施的情况下,进行了一次大规模的爆破作业。由于操作失误和安全措施不到位,爆破物飞溅至附近施工区域,造成多名工人受伤,其中两人因伤势过重不治身亡。

二、风险分析

1. 管理因素:①从事爆破工程的施工单位及爆破作业人员不具备相应的爆破资质证书、作业许可证和资格证书。爆破工程施工未取得有关部门批准。②未根据项目特点,对风险进行识别,编制项目风险辨识清单,对重大风险制定控制措施。③爆破作业未严格按照批准的方案执行。④作业前未对作业人员进行安全技术交底,并对识别的风险予以告知。⑤爆破作业不符合现行国家标准《爆破安全规程》(GB 6722)和现行行业标准《水运工程爆破技术规范》(JTS 204)的有关规定。

2. 技术因素:①大型爆破作业未编制爆破设计书或爆破说明书,或未根据爆破设计书编制爆破专项施工方案,未经专家论证。②爆炸源与人员、其他保护对象的安全允许距离未按地震波、冲击波和飞散物三种爆破效应分别计算,并取其最大值。

3. 施工因素:①在波浪、流速较大的水域进行水下裸露爆破时,投药船未由定位船进行固定。②裸露药包临时存放未远离建筑物、船舶和人群。③水下炸礁裸露药包的配重物,不具有足够的确保药包顺利自沉和稳定的重量。药包表面包裹不好,与礁石、被爆破物碰撞或摩擦。④安放水底的裸露药包被拖曳,药包出现漂浮或其他异常现象时引爆。⑤水下电爆网络的主线和连接线未采用强度高、电阻小、防水和柔韧性好的绝缘胶线。⑥在波浪、流速较大的水域中,爆破主线呈张紧状态。⑦投药船离开投放药包的地点前,潜水员未严格检查船底、船舵、螺旋桨、缆绳和其他附属物,其上挂有药包、导线等。⑧水下钻孔爆破采用边钻孔边装药的施工方法时,未采取可靠的隔绝电源和防止钻孔错位等安全措施。⑨水下安放的药包未采取逆风或逆流方向布药。水下药包布设后,未采取固定措施。

三、风险控制措施

1. 管理因素防范措施:①定期为工人提供安全培训,使其了解施工中的危险源、预防措施及应急处理方法。②定期组织工人进行应急演练,提高其应对突发情况的能力。③定期对施工现场进行安全检查,确保各项安全措施得到执行。④建立完善的监督机制,确保各项安全措施得到有效执行。⑤通过教育和宣传,增强员工的安全意识,使其更加注重自身的安全防护。⑥对施工环境进行详细勘察,预测可能出现的自然灾害,并提前制定应对措施。⑦为工人制定详细的操作规程,确保其严格按照规程操作。⑧经常对设备进行维修保养,确保设备状态良好,材料合格,不使用或存储不合格的材料。

2. 技术因素防范措施:①大型爆破作业编制爆破设计书或爆破说明书,并根据爆破设计书编制爆破专项施工方案,经专家论证后实施。②爆炸源与人员、其他保护对象的安全允许距离按地震波、冲击波和飞散物三种爆破效应分别计算,并取其最大值。

3. 施工因素防范措施:①在波浪、流速较大的水域进行水下裸露爆破时,投药船由定位船进行固定。②裸露药包临时存放应置于爆破危险区外远离建筑物、船舶和人群的专用船或陆地上,且应派专人看守。③水下炸礁裸露药包的配重物,具有足够的确保药包顺利自沉和稳定的重量。药包表面包裹良好,不与礁石、被爆破物碰撞或摩擦。④安放水底的裸露药包不能被拖曳,药包出现漂浮或其他异常现象时不能进行起爆。⑤水下电爆网络的主线和连接线采用强度高、电阻小、防水和柔韧性好的绝缘胶线。在波浪、流速较大的水域中,爆破主线呈松弛状态,或扎系在伸缩性小的导向绳上。⑥投药船离开投放药包的地点前,潜水员严格检查船底、船舱、螺旋桨、缆绳和其他附属物,不得挂有药包、导线等。⑦水下钻孔爆破采用边钻孔边装药的施工方法时,采取可靠的隔绝电源和防止钻孔错位等安全措施。⑧水下安放爆炸挤淤的药包采取逆风或逆流方向布药。水下药包布设后,采取固定措施,药包随水流或波浪摆动,且起爆导线采用双芯屏蔽电缆。

第五章　其他工程

其他工程主要包括两区三场、大中修工程调流、管沟施工、装饰装修施工、钢筋混凝土浇筑、有限空间作业施工等。

第四十三节　两区三场火灾典型风险

一、事故案例

2012年4月23日15时许，位于宿州市环城东路某工程项目部发生一起严重的两区三场火灾事故，导致3人被严重灼伤，5人受轻伤，直接经济损失达1500万元。该事故造成了多人伤亡和财产损失。经调查，火灾起因是现场操作人员违规操作，导致现场油罐内的油料泄漏并引起了火花，进而引发了火灾。由于现场存在大量的易燃物和可燃物，火势迅速蔓延，首先从油罐区开始，迅速向周边区域扩散，最终形成了大面积火海。半小时后，消防车赶到现场，经过三个小时，才将这场大火扑灭。

二、风险分析

1. 现场安全监管不到位：①现场没有安全员进行监管，导致操作员独自操作，无人指挥。②未对操作人员进行安全教育，使其正确进行装卸操作。③未检查现场情况以及将可燃物、易燃物合理存放，远离油料装卸区。

2. 现场安全管理不到位：①事故发生时，现场没有配备足够的消防设施和安全设备。②作业现场没有足够的安全监管人员进行监督和组织。③作业前未对周围作业环境等进行检查。

3. 应急预案措施不合理，未能及时响应：①事故发生时，现场没有指挥人员进行现场疏导，现场混乱，造成火势扩大。②火灾发生后，相应的救援设备设施没有及时进场，火灾没有及时得到控制。③火灾发生后，现场应急处置措施不当，应急响应不及时，导致火势迅速蔓延。

三、风险控制措施

1. 管理因素防范措施：①企业应加强安全管理，制定完善的安全管理制度和操作规程，并严格落实执行。同时，要加强安全培训和教育，增强工作人员的安全意识，提高工作人员的操作技能。②两区三场内必须配备足够的消防器材，由专人负责维护、管理、定期更新，保证完好。必须严格执行动火审批制度。明火作业，监护人及灭火器材到位。木工间、危险品仓库、配电间、食堂、宿舍等重点部位有专人监管。③相关监管部门应加强对企业的监管力度，对企业进行定期检查和评估，及时发现和整改存在的安全隐患。对于违规行为要依法进行处理和处罚。④建筑物内所有工作人员和管理人员都应加强消防安全管理力度和增强消防意识，制定并落实企业内部消防安全管理制度和应急预案。同时要定期检查和维护电气线路等设施设备，及时发现和整改存在的消防隐患。现场建立健全防火检查制度，发现火险隐患，必须立即消除，一时难以消除的隐患，要定人员、定时间、定措施限期整改。

2. 应急处置因素防范措施：企业应加强应急处置能力建设，制定完善的应急预案，并定期进行演练和培训。同时，要建立应急救援队伍，提高应急救援的效率。

第四十四节　大中修工程调流车辆伤害典型风险

一、事故案例

2018年7月16日15时左右，苏州市一条主干道的大中修工程调流路段发生车辆伤害事故，所幸未造成人员伤亡。事故车辆为两辆小型客车，其中一辆为施工现场的工程车辆，另一辆为私家车。两辆车在调流路段相撞，造成交通事故。事故发生时，现场交通状况比较复杂，由于大中修工程施工，原有的道路被封闭或变窄，车辆须按照调流指示行驶。事故发生路段为双向四车道，车流量较大，且有多处施工标志和安全警示标志被撞毁，事故造成该路段长达一个小时的拥堵，正常交通受到很大的影响。

二、风险分析

1. 人员因素：①私家车试图穿越施工现场，结果与施工车辆发生碰撞。②驾驶员未遵守交通规则，没有按照交通指示标志行驶，导致事故发生。③驾驶员安全意识淡薄,忽视了施工路段道路条件差和交通管制要求。

2. 管理因素:①施工标志不明显,事故发生路段虽然有施工标志和安全警示标志,但是部分标志设置不够明显,可能会对驾驶员造成误导。②交通疏导和监管不力。由于大中修工程施工导致的现场交通压力增大,现场指挥人员指挥不力,相关管制措施不到位,未能有效地缓解交通拥堵、进行车辆导流,导致车辆误入施工场地,引发交通事故。

三、风险控制措施

1. 人员因素防范措施:①加强驾驶员交通安全教育,通过各种渠道加强驾驶员的交通安全教育和宣传,增强驾驶员的交通安全意识和法规意识。②事故发生以后,发现人员应迅速向项目部应急救援领导小组报告,同时在场人员根据实际情况采取可能的措施以防事态扩大。

2. 管理因素防范措施:①完善施工标志和安全警示标志。要求施工单位对施工路段进行全面排查,确保所有施工标志和安全警示标志的设置明显、准确、符合规定。②加强交通疏导和管制。根据大中修工程施工的特点和交通流量变化情况,制定合理的交通疏导和管制方案,并加强执行力度。③建立信息通报机制。及时发布大中修工程施工信息和交通管制措施,提醒驾驶员注意交通安全。④加强监管力度。相关部门应加强对大中修工程施工过程的监管力度,及时发现和处理违规行为和安全隐患。⑤优化交通调流方案。针对施工封闭区域制定合理的远端及近端调流方案,减少绕行道路的交通压力,避免调流导致的交通事故发生。⑥应急救援领导小组根据突发事故情况,迅速启动相应的应急救援预案,采取有效措施组织抢救,同时向上级报告事故情况。

第四十五节 管沟施工边坡坍塌典型风险

一、事故案例

2014年7月27日16时40分许,在龙岩市解放北路园田塘路段附近,在管沟施工过程中，由于沟壁坍塌，三名正在沟内施工的工人被掩埋，造成一死两轻伤。消防救援人员赶到现场时，发现一条开挖的沟渠长超过10m，深约2m，宽约1m。在沟右侧还有2m长的路基，沟右侧的坡长约4m，发生坍塌的就是这4m长坡。在救援过程中，消防救援人员发现坍塌处土质松软，不时有松土掉落下来，而在土层中还夹杂着一些石块。经过消防救援人员紧急营救，在沟内施工的三人被全部救出。其中一人被消防救援人员救出时，已经没有了呼吸。

二、风险分析

1. 施工现场安全管理不到位：①施工企业未建立健全的安全管理制度，现场安全监管人员未能及时发现和排除安全隐患。②技术人员没有对施工人员进行交底，或交底不清，导致现场盲目开挖施工。③现场工作，为降低成本或抢进度不按照设计交底要求施工。④受四周环境限制无法正常进行开挖。⑤受征地原因影响，作业带宽度减少，不能正常放坡开挖，没有采取有效的支护措施。⑥安全检查制度未严格落实，安全检查不到位。

2. 动、静载荷过大：①开挖出来的土方堆放在管沟一侧，且离沟边较近，对沟壁压力过大，导致塌方。②开挖完毕的管沟，经雨水浸润、冲刷后，土壤饱含水分，其自重增大，承载土方载荷增大，力学性能发生改变，导致承受力下降，发生坍塌。③由于焊接设备、运输设备、起重设备重量很大，施工时设备在沟边行走、停放，增大沟壁的动、静载荷。

3. 积水浸泡：①管沟开挖后，受雨水积水的浸泡，或地下水位较高的地方受地下水的浸泡，管沟壁容易松软、坍塌。②冬季土层浅度冻结，春季冻土层融化，底部管沟壁松软，导致大面积塌方。

4. 地质构造破坏：在上坡、山脚开挖管沟时，由于破坏了地质稳定结构，上坡向土石方失去支撑，在重力作业下发生山体滑坡。

三、风险控制措施

1. 加强安全生产管理工作：①建立健全安全管理制度，落实安全生产责任，定期组织安全检查。②开挖前，技术人员要对施工人员进行交底，并对管沟进行检查验收。③现场施工作业人员要严格按照技术要求开挖，不得擅自更改边坡比。④受周围环境限制不能正常开挖管沟时，要制定专项施工方案，经审批后再施工，保证安全。⑤加强地方协调，不得因为征地协调原因随意缩减作业带宽度，影响管沟的正常放坡。⑥管沟边坡坡度应根据土壤类别、力学性能和管沟开挖深度决定。⑦深度超过 5m 的管沟边坡可根据实际情况，采取边坡适当放缓、加支撑或阶梯式开挖措施。

2. 做好动、静载荷过大消减措施：①开挖时，应将土石方堆放到焊接施工对面一侧的沟边，堆土离管沟至少 0.5m 远。②当土方量较大时，必须远离沟边堆放，或外运处理。③管沟开挖时间较长后，再进行沟下作业时，要重新进行风险分析，观察是否有坍塌、开裂现象。④降雨过后，要检查管沟的冲刷浸泡情况，采取增大边坡比、消除静载荷等方式防止坍塌。⑤设备运行时要与沟边至少保持 1m 的距离，应该在施工设备停稳后，观察无坍塌风险时再进入施工作业点。

3. 做好积水浸泡的风险消减措施：①经雨水积水、地下水长期浸泡的管沟，在清除积水后准备作业前要重新进行风险分析。②应在管线下沟之前开挖管沟，尽量缩短管沟放置时间。③春季施工时，开挖完的管沟要防止冻土融化发生坍塌，要清除沟边较大冻土块，适当放大坡度。④冬季开挖时，由于冻土层较硬，很难开挖，必须要清除表层的硬土壳，避免盲目扩大操作坑形成瓮形空间。

4. 做好其他风险消减措施：①受周围环境限制，整条管沟不能正常开挖时，作业点周围的沟壁一定要满足边坡比要求。②必要时，要采取加防护支撑或防护笼等措施，使人员在安全的环境下作业。③沟下作业时，沟上必须留有监护人，随时观察管沟及周围安全情况，发现问题要及时通知沟下作业人员躲避、逃生和进行急救。④沟下作业要配备足够的逃生梯，设置应急通道，现场配备足够的应急设备和器材。⑤制定坍塌应急救援预案，制定应急措施，并定期进行培训演练。

第四十六节　装饰装修施工中毒典型风险

一、事故案例

2023年5月，北京市某新建成的一居民小区发生装修中毒事故，多名工人受伤。当时正在进行室内装修，施工队伍使用了大量油漆和胶水等化学品。装修开始后不久，工人们在密闭的房间内进行作业。随着油漆和胶水的不断使用，房间内开始弥漫刺激性气味。工人们虽然感到不适，但未采取有效防护措施，继续作业。不久后，多名工人相继出现中毒症状，被紧急送往医院救治。经过医院诊断，工人们被确诊为化学物质中毒。经过及时治疗，大部分工人康复出院，但仍有少数工人留下了不同程度的后遗症。

二、风险分析

1. 装饰装修材料选择不合理：油漆和胶水中含有的甲醛、苯等有毒化学物质，在密闭环境内挥发并累积，浓度达到一定程度后导致施工人员中毒。

2. 施工前的进场材料验收不严格：施工前没有安排专门安全人员对施工用的装饰装修材料进行验收检验，将未经检验合格的材料投入施工使用，导致中毒事故发生。

3. 施工场地的通风措施不到位：①施工前未对施工现场进行良好通风，导致有毒有害气体在空间内难以挥发出去，有毒有害气体增加，导致施工人员中毒。②作业人员未佩戴防护设备，暴露在有毒有害气体环境中长时间作业，导致中毒。

4. 现场安全管理措施不到位：①现场没有安排专门人员进行监督和指导，导致工人盲目施工，有毒有害气体超标，造成中毒。②由于现场没有专门人员监督，发生中毒事件时，作业人员没有得到及时的救治，延误救援时间，致使事态扩大，增加伤亡情况。

三、风险控制措施

1. 技术因素防范措施：①对施工现场进行通风换气，确保作业环境符合卫生标准。②选用合格的装饰装修材料，尽量避免使用毒性较大的化学品。③在施工过程中，使用符合国家标准的无毒或低毒材料，减少有毒物质的产生。

2. 应急因素防范措施：①发生中毒情况时立即停止作业，将中毒人员撤离现场，转移到通风良好的地方。②对中毒人员进行紧急救治，如拨打急救电话、进行初步急救等。③及时向当地卫生、环保等部门报告事故情况，以便得到专业指导和支持。

第四十七节　钢筋混凝土浇筑高处坠落典型风险

一、事故案例

2017年4月5日，江苏省一桥梁建筑工地发生了一起高处坠落事故，造成一人受伤。事故发生时，该操作人员站在约8.5m高的钢筋混凝土浇筑平台上进行浇筑作业。在浇筑过程中，操作人员为了节省时间，使浇筑速度加快，未采取有效的安全防护措施，不慎从平台边缘坠落，导致头部和四肢多处受伤，浇筑体也由于失稳而发生坠落，砸伤下方正在作业的人员。事故发生后，工地立即启动应急救援程序，将伤者送往医院救治。本次事故造成了一定程度上的人员伤亡和财产损失，对工人的生命安全造成了严重威胁，同时，事故也对施工单位的声誉造成了负面影响，拖延了施工进度，延误了工期。

二、风险分析

1. 管理因素：①施工现场安全管理制度执行不严格，安全检查不全面，未能及时发现和消除安全隐患。②施工现场安全管理存在漏洞，包括安全责任制落实不到位、安全教育和培训不足、安全检查走过场等问题，这些漏洞导致了违章操作频发，增加事故风险。③施工队在进行浇筑作业前，未制定详细的施工方案，对支架的搭设、固定等关键环节未做出明确规定。

2. 技术因素：在浇筑过程中，可能存在模板支撑不牢固、浇筑速度过快、振捣不规范等操作问题，导致浇筑体失稳。模板支撑设置不合理，浇筑速度过快，导致混凝土流淌、振捣不规范，引起浇筑体内部空洞，导致浇筑体失稳坠落。

3. 人员因素：部分工人对安全操作过程不熟悉，安全意识薄弱，未能正确执行安全防护措施。本案中部分工人对安全操作规程不熟悉，缺乏必要的安全知识和应急处理能力，这在一定程度上加剧了事故的后果。

三、风险控制措施

1. 管理因素防范措施：①佩戴安全帽、安全带等个人防护用品，确保作业人员的人身安全。为作业人员配备防滑鞋、手套等必要的防护用品，以防止滑倒、摔伤等意外事故发生。②加强工人的安全教育和培训，增强工人的安全意识，提高工人的自我保护能力。要求工人佩戴安全帽、安全带等防护用品，严格遵守安全操作规程。③定期对施工现场进行安全检查，包括设备、设施、材料等方面，确保其安全可靠。对发现的安全隐患及时进行整改，消除事故隐患，防止坠落事故的发生。④制定详细的应急预案，明确应急组织、通信联络、物资保障等方面的要求。定期组织应急演练和培训，提高作业人员的应急处置能力。在发生坠落事故时，应立即启动应急预案，采取有效措施进行救援和处理。⑤安装监控系统，对施工现场进行实时监控，及时发现并处理安全隐患。通过监控系统对施工现场的作业情况进行监督和记录，为事故调查提供依据。

2. 技术因素防范措施：①搭建稳定、可靠的操作平台，确保作业人员能够安全地进行混凝土浇筑作业。②对操作平台进行定期检查和维护，确保其承载能力和稳定性符合要求。

3. 人员因素防范措施：定期开展安全演练和模拟训练，使作业人员熟悉安全操作规程，掌握应对突发事件的方法和技能。

第四十八节　预制构件吊装起重伤害典型风险

一、事故案例

2023年8月7日下午3点，位于包头市青山区的一个大型建筑工地发生了一起预制构件起重伤害事故，造成1人受伤。起重机操作员张某是一名经验丰富的工人，他的搭档，信号工李某，则是一位新入职不久的员工，他对工作环境和流程还在逐渐熟悉中。当天下午，预制构件吊装工作正在进行，张某根据李某的手势操作起重机，准备将一个重达数吨的预制构件吊起并安放到指定位置。然而，就在构件即将到达指定位置时，起重机突然发出异响，钢丝绳瞬间断裂，预制构件失去控制，一头侧翻砸向了当时位于下方进行缆绳绑扎的王某，事故发生后，工地人员立即拨打急救电话将王某送往医院，事故最终造成王某肩膀和右腿骨折，一年之内不能从事体力劳动。

二、风险分析

1. 设备因素：塔吊钢丝绳磨损严重，未能及时更换，在吊装过程中导致滑脱和断裂事故，对操作人员和现场工人造成安全威胁。

2. 人员因素：①起重操作员可能存在违规操作或疏忽大意的情况，如超重吊装以及吊装角度不合适，未能及时发现并处理设备安全隐患，导致事故发生。②新入职员工可能对工作环境和流程还不够熟悉，这也增加了事故的风险。

3. 管理因素：在作业过程中，现场缺少第三人的指挥和监督，导致操作员视角受限，没有及时发现异常情况停止操作，从而引发事故。

4. 环境因素：本案作业过程中，正值大风天气，工人在没有安全员的指示下，盲目操作，导致构件在空中来回摇晃，此时工人并没有停止作业，继续操作，最终导致了事故的发生。

三、风险控制措施

1. 设备因素防范措施：定期对起重机械进行检查和维护是预防吊装起重伤

害的关键。检查内容应涵盖设备的结构、机械部件、电气系统等各个方面。发现问题及时维修，确保设备性能良好。

2. 人员因素防范措施：为确保吊装作业的安全，必须对操作人员进行系统的培训和教育。培训内容应包括起重机械的操作原理、安全操作规程、应急处置措施等。同时，应定期组织技能考核，确保操作人员具备足够的技能水平。

3. 管理因素防范措施：①制定并严格执行安全操作规程是防止吊装伤害事故发生的重要保障。规程应明确吊装作业的具体步骤、操作要求、安全注意事项等，并确保每个操作人员都能熟练掌握。②为确保在发生事故时能够及时、有效地应对，应制定完善的应急预案。预案内容应包括应急组织、通信联络、现场处置、人员疏散等各个方面，并定期组织演练，确保预案的可行性和有效性。③为保障操作人员的安全，应采取必要的防护措施。如佩戴安全帽、防护手套等个人防护用品，同时设置警戒线和警示标志，确保作业区域的安全。④在吊装作业过程中，应实施安全监控和检查。通过安全监控设备、设置观察员等方式，对吊装作业进行实时监控，确保作业过程的安全。同时，定期对吊装作业进行安全检查，及时发现并纠正安全隐患。

4. 环境因素防范措施：在吊装作业前，应对现场环境进行全面的风险评估。评估内容应包括天气条件、场地条件、周边环境等。根据评估结果，采取相应的风险控制措施，确保作业安全。

第四十九节　临时设施触电典型风险

一、事故案例

2023年1月4日，慈溪市观海卫镇三海线（K17+510—K18+570）提升改造工程进行路灯安装施工作业时发生一起触电事故。事发当天在安装三海线东侧的路灯杆，距东侧路灯安装平行线5.8m处有一运行10kV的高压线路（10kV西罗B179线）。现场负责人为郑某，因事故项目吊装作业需要，临时叫张某安排汽车吊到施工现场进行吊装作业，张某遂安排李某建驾驶汽车吊去了慈溪市观海卫镇三海线提升改造工程施工现场。14 时 10 分左右，吴某财（班组组长）和章某权（登高车驾驶员）先将路灯杆用绳子捆绑牢固后挂在吊车挂钩上，为避免路灯杆晃动，二人在汽车吊将路灯杆吊立起来前一直扶着路灯杆。路灯杆吊立起来后，章某权就脱手离开，吴某财发现路灯的大灯臂（路灯 180 瓦侧悬臂长 1.5m，须朝向路面）未朝向路面，便继续用手调整路灯杆方向以使路灯 180 瓦侧悬臂朝向路面，在调整路灯杆方向过程中，路灯杆悬臂离 10kV 高压线过近。章某权在往前走的过程中，突然听到一阵"啪啪啪"的声音，遂回头望去，看到吴某财在原地抖动，手被粘在路灯杆上，立即让人操作汽车吊将路灯杆吊离高压线，路灯杆吊离高压线后吴某财就倒在地上，不幸死亡。在这次事故中，项目方违规进行吊装作业，且未发现吊装作业离高压电线过近的问题导致事故发生。

二、风险分析

1. 设施施工因素：①公路施工过程中常用的电动工具（如电锤、电钻、电锯等）使用电力驱动，因此存在触电风险。如果电动工具的绝缘性能不良或者使用不当，工人在操作过程中可能会触及带电部分而导致电击事故。②在临时设施施工过程中，电缆和电线用于供电和连接各种设备。如果电缆和电线的绝缘被损坏、老化或连接错误，可能导致电流泄漏或短路，增加触电风险。③在临时设施施工过程中，常常使用发电机和配电箱提供电力，这些设备涉及高电压和大电流，如果操作不当、维护不当或设备损坏，可能导致电击事故。④施工现场常常需要照明设备提供足够的光照条件。如果照明设备的绝缘性能不良、接线错误或设备损坏，可能会增加触电风险。⑤为满足施工现场的电力需求，可能会设置临时供电设施，如电缆盒、插座、电源分配盘等。如果这些设施的绝缘性能不良或使用不当，可能会造成电击事故。⑥施工区域可能存在地下电缆、电线等电力设施，如果未能正确识别和标记这些设施，施工人员可能会意外触及电力线路，增加触电风险。⑦施工过程中使用的各种设备，如吊车、挖掘机等，如果操作不当或维护不良，可能导致设备与电力设施接触，增加触电风险。

2. 人员因素：①如果施工人员缺乏对触电风险的认识和安全意识，可能会忽视或低估触电风险，从而增加事故发生的可能性。②施工人员在使用电动工具、设备或进行电力接线时，如果操作不正确或不符合安全规范，如未按要求使用绝缘手套、未断开电源就进行维修等，可能导致触电事故的发生。③如果施工人员缺乏必要的培训或经验，对施工所使用的设备不熟悉，可能会操作错误或使用设备不当，增加触电风险。④施工人员如果违反安全规定、不遵守操作程序或绕过安全措施，如擅自改变电路的连接方式、未经授权接触电力设施等，可能会增加触电事故的发生。

3. 管理因素：①没有建立完善的安全管理制度，包括安全规章制度、操作规程、应急预案等，以明确触电风险管理的责任和要求。②没有提供必要的触电风险培训和教育，确保施工人员了解触电风险的特点、预防措施和应急处理方法。③没有建立有效的安全监督和检查机制，通过定期巡查、检查和评估，发现和纠正施工过程中存在的触电风险隐患。④没有进行全面的触电风险评估、识别和评估施工过程中可能存在的触电风险因素。⑤没有提供必要的安全设施和防护措施，如安全警示标志、绝缘材料、防护栏杆等。⑥没有建立健全的触电事故应急响应和救援机制，在触电事故发生时不能够及时采取紧急措施进行救援，保证人员安全。

4. 环境因素：①恶劣的天气条件，如雷雨、大风、冰雪等，会增加触电事故的风险。如电线和设备可能被风吹倒或积水，增加触电的可能性。②施工现场的环境条件对触电风险具有重要影响。如果施工现场存在湿地、积水、泥泞或高温等环境，可能增加施工人员触电的风险。③施工现场周围的环境情况也可能增加触电风险。有靠近电线的高楼、建筑物或树木，有人员和车辆频繁往来等，都可能增加触电事故的潜在风险。

三、风险控制措施

1. 设施施工因素防范措施：①确保所有电动工具和设备具有良好的绝缘性能，并定期进行检查和维护。②保持电缆和电线的完好状态，确保绝缘层没有损坏，并正确连接和布置电缆和电线。③对发电机和配电箱进行定期检查和维护，确保其安全可靠。④使用符合安全标准的照明设备，并确保其正确安装和维护。⑤定期检查和维护临时供电设施，确保其绝缘性能良好。⑥在施工前进行充分的勘测和调查，确保准确识别和标记地下电力设施，以避免误触电线。⑦使用符合安全标准的施工材料，确保其绝缘性能和安全性能符合要求。

2. 人员因素防范措施：①提供全面的安全培训，确保施工人员了解触电风险及安全操作要求，并掌握正确的操作技能。②确保施工人员具备所需的资质和证书，如电工证书或操作证书，杜绝无证上岗。③配备适当的个人防护设备，并确保施工人员正确佩戴和使用，定期检查和更换损坏或失效的设备。

3. 管理因素防范措施：①进行全面的风险评估，识别潜在的触电风险，并制订相应的风险管理计划。该计划应包括风险控制措施、责任分配、培训需求、应急响应等。②进行合理的施工现场布局，确保电源线路、电缆等电气设备与其他设施和人员保持安全距离。设置合适的警示标志、隔离带和警戒线，提醒和限制未授权人员进入危险区域。③建立定期的安全监测和检查机制，对施工现场的电气设备、线路等进行检查，确保其正常运行和安全可靠。检查包括绝缘测试、接地测试、漏电保护器测试等。④制定详细的应急预案，包括触电事故的紧急处理程序、救援措施和急救培训等。进行应急演练和培训，提高施工人员的应急响应能力。⑤加强相关的法律法规和标准的执行，如电气安全法规、建筑施工安全规范等，确保施工符合规定和要求。

4. 环境因素防范措施：①针对不同的天气条件，采取相应的防范措施。在雷暴、大风、暴雨等恶劣天气条件下，暂停电气作业，确保施工现场的安全。②保持施工现场的整洁，及时清除杂物、垃圾和积水等，减少触电风险。定期检查和维护电气设备和线路，确保其正常运行和安全可靠。③在临时施工场地中，采取必要的防水和防潮措施，避免水分进入电气设备和线路，导致触电风险增加。④评估周边环境的影响因素，如邻近高压输电线路、地下管线等，采取必要的防护措施，避免电气设备和线路与其他危险因素接触。⑤确保施工现场的电气线路和设备与其他非相关设施隔离，避免发生意外触电。使用隔离带、警戒线等物理隔离措施，限制未授权人员进入危险区域。

第五十节　有限空间中毒典型风险

一、事故案例

2022 年河南省郑州境内 S312 郑州境（郑汴交界至 G107 东移段）改建工程

K210+140 处西侧约 90m 的沥青拌和站内发生了一起有限空间中毒事故。改性沥青生产现场负责人卫某宇安排设备维修员张某与他一起对沥青发育罐内脱落的搅拌轴进行维修，二人打开罐口，发现罐内沥青气味难闻而且烟味很大，于是敞开罐盖，打算等沥青烟味自然扩散后第二天再维修。第二天晚饭后，改性沥青生产员孙某咏找到张某，传达卫某宇要求他二人一起维修脱落轴。二人到达现场，通过人孔发现罐内已基本没有沥青烟且罐内温度不是很高。张某和孙某咏戴上口罩在进入沥青罐维修时，发现沥青罐内深处烟味浓度还是很大，2 人发生恶心不适等生理反应，呼叫他人帮忙，最终导致 3 人死亡，2 人受伤，造成直接经济损失 625 万元。维修作业人员违反"先通风、再检测、后作业"的有限空间作业原则，在未配备呼吸防护装备，且无审批、无监护人员的情况下，违规进入有限空间作业，导致作业人员中毒。中毒事故发生后，盲目冒险施救，导致事态扩大。

二、风险分析

1. 材料因素：①某些油漆和涂料含有挥发性有机化合物，如苯、甲醛等。在施工过程中，喷涂或处理这些油漆和涂料时，可能释放有害气体，对工人的健康构成潜在威胁。②使用溶剂和清洁剂进行清洗、去除油污或清理设备时，这些化学物质中的成分可能造成工人中毒。常见的溶剂包括苯、酮类、醇类等。③在公路临时设施施工过程中，可能产生大量的粉尘和颗粒物，如水泥、石膏、木材刨花等，长时间暴露于这些粉尘和颗粒物中，可能对工人的呼吸系统造成损害。④在施工现场如沥青混合料拌和站可能存在一些有害气体，如一氧化碳、氮氧化物等，长期暴露在这些气体中，可能对呼吸系统、心血管系统造成损害。

2. 人员因素：①不正确的操作和处理方法可能导致有害物质的泄漏、暴露或误用，增加中毒风险。如未按照安全规程操作化学品、未正确使用个人防护装备等。②缺乏对毒害物质的认识、不了解安全操作规程和防护措施，可能使工人无法正确识别和应对潜在的中毒风险。③作业人员未配备必要的安全劳动防护用品，防毒措施不当。④作业人员有呼吸系统疾病、过敏反应或其他慢性疾病等，可能增加对有害物质的敏感性和易感性，更容易受到中毒风险的影响。

3. 管理因素：①企业没有建立健全的安全生产责任制，未建立健全的有限空间作业安全管理制度。②未实施安全生产教育和培训，导致作业人员安全意识较差，不能了解和掌握有限空间作业危险有害因素以及防范措施。③没有设置安全标志，不能充分提醒作业人员增强风险防控意识。④未制定事故应急救援预案，作业人员对突发事件没有处置经验，会导致事故的扩大。

4. 环境设施因素：①施工现场的温度和湿度条件可能对工人的健康和身体舒适性产生影响，极端的温度和湿度条件可能导致工人的身体机能受损，增加中毒风险。②施工现场的空气质量可能受到污染和污染源的影响。如有害气体的排放、露天焊接等可能导致空气中的有害物质浓度升高，增加工人的中毒风险。③施工现场产生的废弃物可能含有有害物质，如建筑废料、废油、废水等。不正确的处理和排放可能导致环境污染和增加工人中毒的风险。④在临时设施施工过程中，如果通风系统不良或未能提供足够的新鲜空气，有害气体和污染物可能会在室内积聚，增加中毒风险。

三、风险控制措施

1. 材料因素防范措施：①选择和使用符合安全标准的建筑材料和化学品，确保其不含有害物质。②提供适当的个人防护装备，如呼吸器、防护手套、防护眼镜等，以减少工人与有害物质的接触。③储存化学品时，使用专门设计的储存柜或容器，标记清楚化学品的名称和危险性，避免不当混合或泄漏。④定期检查临时设施施工过程中使用的化学品、燃气设备和通风系统的状态，确保其运行正常和性能安全。

2. 人员因素防范措施：①工作人员禁止酒后作业、禁止吸烟。②沥青操作人员应进行体检，凡患有结膜炎、皮肤病及对沥青过敏者，不宜从事沥青作业。③作业人员应配备必要的呼吸防护装备、通风设备及有毒有害气体检测报警仪器等有限空间作业防护用品。④工作过程中发生恶心、头晕、过敏现象时，应立即停止作业。

3. 管理因素防范措施：①沥青混合料拌和站机械设备应有专人操作，操作人员严禁擅离职守。②拌和现场和配料场地应通风良好，工作时应配备呼吸防护装备，必须经常检查循环系统有无渗漏、振动和异响，定期检查膨胀箱的液面是否超过规定、自控系统的灵敏性和可靠性是否符合规定，并应定期清除炉管及除尘器内的积灰。③从业单位应对从业人员进行安全生产教育和培训，并建立安全生产教育和培训档案，及时进行安全技术交底，确保作业人员了解和掌握有限空间作业危险有害因素、安全防范措施、事故应急处置措施和自救互救知识。④设置充足的安全警示标志。在有较大危险因素的场所设置明显的安全警示标志或安全告示牌，用来提醒作业人员增强风险防控意识，并采取相应的防护措施。⑤建立应急响应计划，包括沥青拌和站中毒事故的应急处理步骤、紧急联系方式和急救程序，确保在事故发生时能够快速、有效地应对。

4. 环境设施因素防范措施：①加强通风和排风，确保施工现场的空气质量良好，减少有害气体和粉尘的积聚。②定期监测施工现场的环境污染情况，确保环境质量符合标准。③建立废弃物的处理计划，确保正确处理和排放废弃物，避免对环境和工人健康造成不利影响。

第三篇　公路水运工程风险管控清单

第一节　公路工程施工

一、车辆伤害

（一）危险源或潜在事件（人、物、作业环境、管理）

1. 车辆未经检验合格入场。

2. 车辆维修保养不及时。

3. 驾驶人员未进行岗前技术交底，带"病"上岗。

4. 现场工程车辆较多，指挥不得当。

5. 一般的施工车辆车体庞大，且装有各种不同类型的活动工作装置，影响司机的观察视线，操作难度加大。车辆的工作轮廓尺寸多为变量，整体通过能力差，工作重心离地距离大，稳定性差，容易造成事故。

6. 由于工程施工多数为一种短期的行为，所修建使用的交通道路多为临时道路，而且经常需要变更行车路线，路面情况多变，给交通管制带来了不少麻烦，无法像标准道路那样设立系统、完整、醒目的标志，难以形成对驾驶人员的行车警示，产生误区多。

7. 工地现场行驶路面及作业基础土质松软，甚至造成施工车辆倾斜度较大，从而导致车辆失衡倾翻。

（二）管控措施

1. 工程技术

（1）经常对车辆进行维护保养，保证车辆各零部件正常运转；

（2）车辆安装超速报警器、盲区警报器等安全装置；

（3）科学规划设置路况良好的临时交通道路。

2. 管理措施

（1）未经公安交警等部门培训合格持证人员、不熟悉车辆性能者不得驾驶车辆；

（2）应坚持做好例行保养工作，车辆制动器、喇叭、转向系统、灯光等影响安全的部件如作用不良不准出车；

（3）严禁翻斗车、自卸车车厢乘人，严禁人货混装，车辆载货应不超载、超高、超宽，捆扎应牢固可靠，应防止车内物体失稳跌落伤人；

（4）乘坐车辆应坐在安全处，头、手、身不得露出车厢外，要避免车辆启动制动时跌倒；

（5）车辆进出施工现场，在场内掉头、倒车，在狭窄场地行驶时应有专人指挥；

（6）现场行车进场要减速，并做到"四慢"，即道路情况不明要慢，线路不良要慢，起步、会车、停车要慢，在狭路、桥梁弯路、坡路、岔道、行人拥挤地点及出入大门时要慢；

（7）在临近机动车道的作业区以及在道路中的路障应加设安全色标、安全标志和防护措施，并要确保夜间有充足的照明；

（8）装卸车作业时，若车辆停在坡道上，应在车轮两侧用楔形木块加以固定。

3. 培训教育

（1）入职后应参加单位组织的三级教育培训；

（2）上岗前应参加设备作业人员培训，合格后持证上岗。

4. 个体防护

（1）戴好安全帽；

（2）驾驶员系好安全带。

5. 应急处置

（1）迅速将伤员脱离危险场地，移至安全地带；

（2）保持呼吸道通畅，若发现窒息者，应及时解除其呼吸道梗塞和呼吸机能障碍，应立即解开伤员衣领，消除伤员口鼻、咽喉部的异物、血块、分泌物、呕吐物等；

(3) 有效止血，包扎伤口；

(4) 视其伤情采取报警措施直接送往医院，或待简单处理后去医院检查；

(5) 伤员有骨折、关节伤、肢体挤压伤、大块软组织伤都要固定；

(6) 执行车辆伤害事故应急预案并定期演练。

二、机械伤害

（一）危险源或潜在事件（人、物、作业环境、管理）

1. 机械设备未经检验合格入场。

2. 机械安全防护设施不齐全有效。

3. 机械设备维修保养不及时。

4. 机械操作人员无证上岗或未经岗前培训合格。

5. 施工现场交叉作业未保持安全距离，指挥不得当。

6. 作业人员的安全意识差，缺乏自我防护意识。

（二）管控措施

1. 工程技术

(1) 机械设备应根据有关的安全要求，装设合理、可靠、不影响操作的安全装置；

(2) 机械设备的零部件的强度、刚度应符合安全要求，安装应牢固；

(3) 供电的导线必须正确安装，不得有任何破损和漏电的地方，电机绝缘应良好，其接线板应有盖板保护；

(4) 开关、按钮等应完好无损，其带电部分不得裸露在外；

(5) 局部照明应采用安全电压，禁止使用110V或220V的电压；

(6) 重要的手柄应有可靠的定位及锁紧装置，同轴手柄应有明显的长短差别；

(7) 手轮在机动时应能与转轴脱开；

(8) 脚踏开关应有防护罩或藏入机身的凹入部分内。

2. 管理措施

(1) 制定操作规程、应急预案；

(2) 操作前应对机械设备进行安全检查，先空车运转，确认正常后，再投人运行；

（3）机械设备严禁带故障运行，不准随意拆除机械设备的安全装置；

（4）机械设备使用刀具、工夹具以及加工的零件等要装卡牢固，不得松动；

（5）机械设备运转时，严禁手调，不得用手测量零件或进行润滑、清扫杂物等；

（6）机械设备运转时，操作者不得离开工作岗位；

（7）工作结束后，应关闭开关，把刀具和工件从工作位置退出，并清理好工作场地，将零件、工夹具等摆放整齐，保持机械设备的清洁卫生。

3. 培训教育

（1）入职后应参加单位组织的三级教育培训；

（2）上岗前应参加机械作业人员培训，合格后方可上岗。

4. 个体防护

（1）戴好安全帽；

（2）做好"三紧"装束，禁止戴围巾等不安全装束。

5. 应急处置

（1）及时操作设备急停开关；

（2）现场施工负责人应立即报告项目部应急救援小组，应急指挥部应立即拨打120急救电话与医院取得联系；在医护人员没有来到之前，应检查受伤者的伤势、心跳及呼吸情况，视不同情况采取不同的急救措施；

（3）对被机械伤害的伤员，应迅速小心地使伤员脱离伤源，必要时，拆卸机器，移出受伤的肢体；

（4）对发生休克的伤员，应首先进行抢救；遇有呼吸、心跳停止者，可采取人工呼吸或胸外心脏挤压法，使其恢复正常；

（5）对骨折的伤员，应利用木板、竹片和绳布等捆绑骨折处的上下关节，固定骨折部位；也可将其上肢固定在身侧，下肢与另一健肢缚在一起；

（6）执行机械伤害事故应急预案中的其他行动。

三、触电

（一）危险源或潜在事件（人、物、作业环境、管理）

1. 电工等未取得特种作业人员资格证上岗作业。

2. 作业人员素质差，用电安全意识淡薄，管理人员未对用电进行技术交底或交底不详细、无针对性。

3. 随意敷设电线、电缆，临时用电电源线连接混乱。

4. 未落实供电和电缆接电工序交接手续。

5. 配电箱及开关箱内设置混乱：配电箱及开关箱不标名称、编号，不做回路标志；照明线与动力线未分开；配电系统未按"总配电箱（或配电柜）—分配电箱—开关箱"形成三级配电等。

6. 保护零线的设置不规范：临时用电系统保护零线引出不符合规范，未根据线路和用电设备的要求设置保护零线；重复接地的未设置接地极或者埋深不足；保护零线未能一直跟随全部线路，并不和用电器械设备的外壳相连接；保护零线的直径比较小，未采用专门色标的电线做保护零线（黄绿双色线）；等等。

（二）管控措施

1. 工程技术

（1）设置规范的三级配电设施和"一机、一闸、一漏保"，线路敷设合规合理；

（2）配备规范的保护接零接地、漏电保护装置、安全电压、等电位联结等措施；

（3）做好必要的避雷措施；

（4）严格落实供电和电缆接电工序交接手续。

2. 管理措施

（1）制定操作规程、应急预案，执行用电作业审批手续；

（2）电工必须持证上岗；

（3）配电箱等位置设置安全警示标志；

（4）开关箱应防雨、防尘、加锁，离地为1.5m，与其控制的固定电气设备的距离不超过3m；

（5）开关箱内不准存放任何物品，防止误操作造成事故，开关箱内的电器安装与接线，必须由电工操作，非电工严禁操作；

（6）漏电保护器发生掉闸时，不能强行合闸，应由电工查明原因，排除故障后，才能继续使用；

（7）工地临时照明灯、标志灯，其电压不超过36V，特别潮湿场所、金属管道和容器内的照明灯，电压不超过12V，电气作业人员应穿绝缘鞋，戴绝缘手套；

（8）高压线的下方不得搭设临建，不准堆放材料和进行施工作业；

（9）在高压线一侧作业时，必须保持6m以上的水平距离，达不到上述距离时，必须采取隔离防护措施，防止作业人员作业时金属料具碰触高压线路，造成触电事故；

（10）线路停电检修必须在断电开关操作柄上悬挂"有人工作，禁止合闸"的标志牌，任何人不得随意移动；

（11）停用的设备必须拉闸断电，锁好开关箱，搬迁或移动用电设备，必须切断电源并做妥善处理后进行。

3. 培训教育

（1）入职后应参加单位组织的三级教育培训；

（2）上岗前应参加用电作业人员培训，合格后持证上岗。

4. 个体防护

穿、戴好绝缘鞋、绝缘手套等绝缘防护用品。

5. 应急处置

（1）切断相关电源，使触电者脱离接触；

（2）执行触电伤害事故应急预案并定期演练。

四、物体打击

（一）危险源或潜在事件（人、物、作业环境、管理）

1. 作业人员进入施工现场未按要求佩戴安全帽。

2. 作业人员没有在规定的安全通道内活动。

3. 高处作业过程中的一般常用工具没有放在工具袋内，随手乱放。

4. 作业人员从高处往下抛掷材料、杂物、垃圾或向上递工具。

5. 脚手板不满铺或铺设不规范，物料堆放在临边及洞口附近。

6. 拆除工程未设警示标志，周围未设警戒区或未搭设防护棚。

7. 起重吊运物料时，没有专人进行指挥。

8. 起重吊装未按"十不吊"规定执行。

9. 平网、密目网防护不严，垂直交叉作业。

（二）管控措施

1. 工程技术

（1）外脚手架"四口""五临边"密目安全网及层层安全防护必须符合要求；

（2）交叉作业，要有隔离防护措施或上下双方签订"交替施工"的书面协议；

（3）在人员固定及密集场所，如卷扬机、搅拌机等外必须搭设面积足够、有防穿透能力的护棚；

（4）严禁上掷、下抛物料；

（5）搭设、拆除、调整有关设施的危险地点，必须划分危险区（5m以内），设警戒标志，设专人监护；

（6）作业前要对脚手架、工作台、梯子、吊架、设备等进行检查，确认完好，才准投入使用；

（7）外脚手架拆除及旧建筑物拆除，要制定拆除方案，对操作人员进行安全措施交底，拆除时自上而下逐层按顺序进行，禁止采取推倒和拦倒的方法拆除，拆除下来的物料应用传递、吊运的方法运出现场，严禁抛扔造成打击伤人。

2. 管理措施

（1）制定操作规程、应急预案；

（2）禁止冒险进入危险场所；

（3）大雾、大雪、大雨、雷雨或六级以上大风等恶劣天气，不准在底层作业，小心上面掉物打击；

（4）夜间施工，现场没有足够的照明，不准作业；

（5）上岗前饮酒、生病、精神不振、服用安眠镇静剂等药物，或经医生建议暂不宜登高作业的人员均不准作业。

3. 培训教育

（1）入职后应参加单位组织的三级教育培训；

（2）上岗前应参加物体打击防护相关培训；

（3）攀登和悬空作业人员及搭设架子与安全设施的人员，要经专业技术培训，考核合格后持证上岗。

4. 个体防护

戴好安全帽、防护面罩等个人防护用品。

5. 应急处置

（1）抢救的重点是对颅脑损伤、胸部骨折和出血进行处理，并马上组织抢救伤者脱离危险现场，尽快送医院进行抢救治疗，以免再发生损伤；

（2）在移动昏迷的颅脑损伤伤员时，应保持头、颈、胸在一条直线上，不能任意旋曲；若伴颈椎骨折，更应避免头颈的摆动，以防引起颈部血管神经及脊髓的附加损伤；

（3）观察伤者的受伤情况、受伤部位、伤害性质，如伤员发生休克，应先处理休克，遇呼吸、心跳停止者应立即进行人工呼吸，处于休克状态的伤员要让其安静、保暖、平卧、少动；

（4）出现颅脑损伤，必须维持呼吸道通畅；昏迷者应平卧，面部转向一侧，以防舌根下坠或分泌物、呕吐物吸入，发生喉阻塞；有骨折者，应初步固定后再搬运；

（5）防止伤口污染；

（6）执行物体打击事故应急预案并定期演练。

五、起重伤害

（一）危险源或潜在事件（人、物、作业环境、管理）

1. 起重设备操作人员、司索工、指挥员等相关特种作业人员无证上岗，未经岗前培训，对设备操作不熟练或未严格遵守起重机械安全操作规程进行操作。

2. 司索工等人员作业经验不足，分析判断能力差，捆绑物品对物体重心掌握不够，重量估计不准，超载起吊。

3. 特种设备未经特种设备安全监督管理部门检验合格备案，限位装置、止脱器等零部件缺失。

4. 违反起重机械"十不吊"原则。

5. 多台设备同时作业，相互间距离过近造成干扰。

6. 无专人指挥、指挥不当或起重司机不注意听从指挥。

7. 流动式起重机支腿未完全伸开。

（二）管控措施

1. 工程技术

（1）根据现场条件，编制专项起重作业方案，验算起重量，选择起重设备，并通过方案审查；

（2）配备规范的起重设备、起重吊索具等设施；

（3）吊装物完整，具备正常吊装条件。

2. 管理措施

（1）制定应急预案；

（2）起重设备取得特种设备合格证、使用登记证等；

（3）操作、指挥、司索等人员取得资格证书，严格执行"十不吊"；

（4）执行起重作业审批手续；

（5）禁止人员冒险进入危险场所；

（6）设置安全警戒及安全警示标志；

（7）启动机械，检查各仪表、工作装置、安全装置是否正常，经试运转，确认安全后方可开始作业；

（8）起重机工作时，在起重臂下严禁站人，禁止被起吊的重物从人、汽车驾驶室上方通过，禁止无关人员在施工现场附近停留或通过；

（9）起吊物不得长时间悬在空中，起吊物在空中时，驾驶员不得离开驾驶室。

3. 培训教育

（1）入职后应参加单位组织的三级教育培训；

（2）作业前应参加安全技术交底，经培训合格后方可上岗。

4. 个体防护

戴好安全帽等个人防护用品。

5. 应急处置

(1) 无论任何人，一旦发现起重机械存在起重伤害危险，应立即呼叫在场的全体人员远离事故可能发生点；

(2) 现场人员应迅速通知当班班组，由班长打电话及时向应急抢救领导小组报告事故的发生情况，请求支援；

(3) 根据现场情况，若有人员受伤，应立即拨打120急救电话，向急救中心求救，在急救车到来以前，应对受伤人员进行急救；

(4) 在没有人员受伤的情况下，现场负责人应根据实际情况研究补救措施，在确保人员生命安全的前提下，组织恢复正常的生产秩序；

(5) 执行起重伤害事故应急预案并定期演练。

六、中毒和窒息

(一) 危险源或潜在事件（人、物、作业环境、管理）

1. 现场作业人员未进行岗前体检，有沥青施工禁忌的人员参与施工。
2. 现场作业人员未佩戴合格的安全防护用品。
3. 安全技术交底不到位，作业人员未按作业规程进行施工作业。

(二) 管控措施

1. 工程技术

(1) 探索实施半封闭或全封闭作业；

(2) 提升通风换气水平，改善空气条件；

(3) 局部区域采用空气调节专用设备设施。

2. 管理措施

(1) 制定操作规程、应急预案；

(2) 设置作业监护人；

(3) 严防冬季取暖等引发一氧化碳中毒窒息；

(4) 设置安全警示标志。

3. 培训教育

（1）入职后应参加单位组织的三级教育培训；

（2）上岗前应参加中毒窒息防护相关培训。

4. 个体防护

戴好防毒口罩等防护用品。

5. 应急处置

（1）佩戴好个人防护用品，采取有效的防护措施；

（2）及时将中毒者救出事故现场，转移到空气新鲜、流动处（室外或上风向位置），脱去被污染的衣物，松开领口、紧身衣物和腰带，以利中毒者呼吸畅通，方便毒物尽快排出体外，如有条件可给中毒者输氧气；注意使中毒者保暖、静卧，利用身边的急救药品和抢救方法进行救护，同时密切观察伤者病情的变化；

（3）执行中毒窒息事故应急预案并定期演练。

七、灼烫

（一）危险源或潜在事件（人、物、作业环境、管理）

1. 电工、焊工等特种作业人员未取得特种作业人员资格证上岗作业。

2. 现场作业人员未佩戴护目镜等合格的安全防护用品。

3. 安全技术交底不到位，作业人员未按作业规程进行作业。

（二）管控措施

1. 工程技术

强化对高温危险源的辨识工作，制定可靠的作业指导书，提高从业人员面对突发事件的应急处置能力。

2. 管理措施

（1）电工、焊工等特种作业人员必须持证上岗；

（2）高温作业岗位人员应严格执行安全技术操作规程，远离危险区域；

（3）加强对腐蚀性危险化学品等容器的日常检查，及时淘汰不合格的贮存装置。

3. 培训教育

加强安全教育培训和技术交底，增强作业人员安全防护意识。

4. 个体防护

（1）严格要求作业人员正确穿戴个体防护用品，增强从业人员的自我保护意识；

（2）带电作业时必须采取保证安全的技术措施，如穿好绝缘服、戴好防护面具等。

5. 应急处置

（1）迅速使烫伤人员脱离危险区进行冷疗，面积较少的烫伤应用大量冷水清洗，大面积的烫伤要立即送到医院；

（2）高温液体烫伤后应立即将被浸湿的衣服脱掉，如果与皮肤发生粘连，不得强行脱掉烫伤人员的衣服，以免扩大损伤面积；

（3）化学烧伤后应首先将浸有化学药品的衣服脱去，并立即用大量的水清洗损伤面的化学药品。

八、坍塌

（一）危险源或潜在事件（人、物、作业环境、管理）

1. 未按方案进行施工，未按要求进行放坡。

2. 缺乏支护或支护不良。

3. 土质不良或出现地下水、地表水的渗透。

（二）管控措施

1. 工程技术

（1）基坑槽边堆放工程或施工用料，应距坑槽边沿 1m 以上的距离；

（2）重物距土坡的安全距离：汽车不小于 3m，马车不小于 2m，起重机不小于 4m，土方堆放不小于 2m，堆土高度不超过 1.5m；

（3）当基坑较深或晾槽时间很长时，为防止边坡失水松散或地面水冲刷、浸润影响边坡稳定，应采用薄膜覆盖，或砌石、水泥编织袋装土堆压，或挂铁丝网、抹水泥砂浆等方法保护；

（4）做好坡脚和坡顶排水措施，以拦阻地表水冲刷坡面和地下水冲刷坡脚造成边坡失稳坍塌；

（5）基坑槽回填土时，支护拆除应按回填顺序从下而上逐步拆除，不得全部拆除后再回填，以防边坡失稳，更换支撑时，应先装新的，再拆除旧的。

2. 管理措施

（1）制定操作规程、应急预案；

（2）执行动土、起重等相关作业审批手续；

（3）加强过程中的施工监控；

（4）设置安全警示标志；

（5）做好进入前的人员登记。

3. 培训教育

（1）入职后应参加单位组织的三级教育培训；

（2）上岗前应参加作业人员培训，合格后方可上岗。

4. 个体防护

戴好安全帽等个人防护用品。

5. 应急处置

（1）发现工作面有裂痕，或者在坡面上有浮石、危石和伞檐体可能塌落时，应组织相关人员立即撤离至安全地点，并采取可靠、安全的预防措施；

（2）边坡或建筑物发生坍塌后，造成人员被埋、被压的情况，应急救援领导小组应全员上岗，除立即逐级报告给主管部门之外，还应保护好现场，在确认不会再次发生同类事故的前提下，立即组织人员抢救受伤人员；

（3）当少部分浮石、危石和伞檐体坍塌时，现场抢救组专业救护人员要用铁锹进行挖掘，并注意不要伤及被埋人员；当整体倒塌造成特大事故时，由政府应急救援领导小组统一领导和指挥，各有关部门协调作战，保证抢险工作有条不紊地进行；要采用吊车、挖掘机进行抢救，现场要进行指挥和监控，防止机械设备伤及被埋或被压人员；

（4）执行坍塌事故应急预案其他措施。

九、高温中暑

（一）危险源或潜在事件（人、物、作业环境、管理）

夏季露天作业，高温下连续作业，未及时补充盐分、水分。

（二）管控措施

1. 工程技术

（1）合理设置遮阳、洒水等防晒防暑降温措施；

（2）局部高温部位，应设置独立温度调节设备设施。

2. 管理措施

（1）科学合理安排作息时间，尽量避免夏季高温时段露天作业；

（2）不良天气应严格控制加班情况；

（3）定期体检，有禁忌者应及时调离岗位。

3. 培训教育

（1）入职后应参加单位组织的三级教育培训；

（2）开展防暑降温类教育培训。

4. 个体防护

多喝清凉含盐饮料、绿豆汤等防暑饮品。

5. 应急处置

（1）及时脱离高温环境，迅速将病人移到阴凉、通风的地方，垫高头部，解开衣扣，平卧休息，观察体温、脉搏、呼吸、血压变化；

（2）用冷水毛巾敷头部，或用冰袋置于中暑者头部和大腿根部等部位，或用30%酒精擦身降温，并补充淡盐水以及绿豆汤等清凉饮料，清醒者也可服人丹、藿香正气水等；

（3）对热射病者应密切观察意识、瞳孔等变化，冷水洗面及颈部，以降低体表温度，有意识障碍呈昏迷者，要注意防止因呕吐物误吸而引起窒息，应将病人的头偏向一侧，保持其呼吸道通畅；

（4）对重症中暑者应立即送往医疗机构进行治疗。

第二节 桥梁工程施工

一、高处坠落

（一）危险源或潜在事件（人、物、作业环境、管理）

1. 安全技术交底不到位，作业人员安全意识差，违章作业。

2. 管理人员违章指挥。

3. 临边作业防护设施不齐全、不规范。

4. 自制挂篮、吊篮等未经安全验算，设备材质强度不够。

5. 高处作业未系、挂安全带等安全装备。

6. 脚手架搭设不规范、防护设施不全、脚手板材质或铺设不符合要求。

（二）管控措施

1. 工程技术

（1）现场高处作业必须严格按照要求编制专项方案；

（2）施工组织设计中列明高处临边、洞口等处防护措施；

（3）吊篮及其他移动平台配备生命绳等专项安全措施。

2. 管理措施

（1）严格规章制度，提高违章的成本，使责任单位和人员意识到违章划不来、承担不起，以杜绝他们冒险作业的念头；

（2）定期对从事高处作业的人员进行健康检查，一旦发现有妨碍高处作业的疾病或生理缺陷的人员，应当调离岗位；

（3）把好验收关，临边、洞口、电梯井、脚手架等防护设施在使用之前必须按照要求组织验收，验收时相关负责人要履行签字手续，验收合格后才能投入使用；

（4）加大现场安全检查的密度，及时纠正违章行为，通过安全巡检、周检、专项检查对在高处作业中违反安全技术操作规程和违反劳动纪律的行为进行纠正，彻底改变作业人员习惯性违章的行为；

（5）禁止在大雨、大雪及六级以上大风等恶劣天气从事露天悬空高处作业，大风、大雨、大雪天气过后应组织现场人员对脚手架、各种防护设施进行专项安全检查，确保安全后才能继续使用；

（6）夜间、照明光线不足时，不得从事悬空高处作业。

3. 培训教育

（1）上岗前应参加高处作业人员培训，取得高空作业证后方可上岗；

（2）增大对高处作业人员的安全教育频率；

（3）寻找高处坠落事故的发生规律，进行有针对性的教育和控制，如节假日前后、季节变化施工前、工程收尾阶段等作业人员人心比较散漫时进行针对性教育，并组织开展高处坠落的专项检查，通过检查及时地将各种不利因素、事故苗头消灭在萌芽状态。

4. 个体防护

把好入场关。安全帽、安全带、安全网等防护用品的证件必须齐全。

5. 应急处置

（1）现场知情人应当立即采取措施，切断或隔离危险源，防止救援过程中发生次生灾害；

（2）切断或隔离危险源后，现场知情人员应当立即开展现场急救工作，同时请求应急救援和上报事故信息；

（3）及时拨打120并做好受伤人员的现场救护工作；

（4）执行高处坠落事故应急预案并定期演练。

二、触电

（一）危险源或潜在事件（人、物、作业环境、管理）

1. 电工等未取得特种作业人员资格证上岗作业。

2. 作业人员素质差，用电安全意识淡薄，管理人员未对用电进行技术交底或交底不详细、无针对性。

3. 随意敷设电线、电缆，临时用电电源线连接混乱。

4. 未落实供电和电缆接电工序交接手续。

5. 配电箱及开关箱内设置混乱：配电箱及开关箱不标名称、编号，不做回路标志；照明线与动力线未分开；配电系统未按"总配电箱（或配电柜）—分配电箱—开关箱"形成三级配电等。

6. 保护零线的设置不规范：临时用电系统保护零线引出不符合规范，未根据线路和用电设备的要求设置保护零线；重复接地的未设置接地极或者埋深不足；保护零线未能一直跟随全部线路，并不和用电器械设备的外壳相连接；保护零线的直径比较小，未采用专门色标的电线做保护零线（黄绿双色线）；等等。

（二）管控措施

1. 工程技术

（1）设置规范的三级配电设施和"一机、一闸、一漏保"，线路敷设合理；

（2）配备规范的保护接零接地、漏电保护装置、安全电压、等电位联结等措施；

（3）做好必要的避雷措施；

（4）严格落实供电和电缆接电工序交接手续。

2. 管理措施

（1）制定操作规程、应急预案，执行用电作业审批手续；

（2）电工必须持证上岗；

（3）配电箱等位置设置安全警示标志；

（4）开关箱应防雨、防尘、加锁，离地为1.5m，与其控制的固定电气设备的距离不超过3m；

（5）开关箱内不准存放任何物品，防止误操作造成事故，开关箱内的电器安装与接线，必须由电工操作，非电工严禁操作；

（6）漏电保护器发生掉闸时，不能强行合闸，应由电工查明原因，排除故障后，才能继续使用；

（7）工地临时照明灯、标志灯，其电压不超过36V，特别潮湿场所、金属管道和容器内的照明灯，电压不超过12V，电气作业人员应穿绝缘鞋，戴绝缘手套；

（8）高压线的下方不得搭设临建，不准堆放材料和进行施工作业；

（9）在高压线一侧作业时，必须保持6m以上的水平距离，达不到上述距离时，必须采取隔离防护措施，防止作业人员作业时金属料具碰触高压线路，造成触电事故；

（10）线路停电检修必须在断电开关操作柄上悬挂"有人工作，禁止合闸"的标志牌，任何人不得随意移动；

（11）停用的设备必须拉闸断电，锁好开关箱，搬迁或移动用电设备，必须切断电源并做妥善处理后进行。

3. 培训教育

(1) 入职后应参加单位组织的三级教育培训；

(2) 上岗前应参加用电作业人员培训，合格后持证上岗。

4. 个体防护

穿、戴好绝缘鞋、绝缘手套等绝缘防护用品。

5. 应急处置

(1) 切断相关电源，使触电者脱离接触；

(2) 执行触电伤害事故应急预案并定期演练。

三、起重伤害

（一）危险源或潜在事件（人、物、作业环境、管理）

1. 起重设备操作人员、司索工、指挥员等相关特种作业人员无证上岗，未经岗前培训，对设备操作不熟练或未严格遵守起重机械安全操作规程进行操作。

2. 司索工等人员作业经验不足，分析判断能力差，捆绑物品对物体重心掌握不够，重量估计不准，超载起吊。

3. 特种设备未经特种设备安全监督管理部门检验合格备案，限位装置、止脱器等零部件缺失。

4. 违反起重机械"十不吊"原则。

5. 多台设备同时作业，相互间距离过近造成干扰。

6. 无专人指挥、指挥不当或起重司机不注意听从指挥。

7. 流动式起重机支腿未完全伸开。

（二）管控措施

1. 工程技术

（1）根据现场条件，编制专项起重作业方案，验算起重量，选择起重设备，并通过方案审查；

（2）配备规范的起重设备、起重吊索具等设施；

（3）吊装物完整，具备正常吊装条件。

2. 管理措施

（1）制定应急预案；

（2）起重设备取得特种设备合格证、使用登记证等；

（3）操作、指挥、司索等人员取得资格证书，严格执行"十不吊"；

（4）执行起重作业审批手续；

（5）禁止人员冒险进入危险场所；

（6）设置安全警戒及安全警示标志；

（7）启动机械，检查各仪表、工作装置、安全装置是否正常，经试运转，确认安全后方可开始作业；

（8）起重机工作时，在起重臂下严禁站人。禁止被起吊的重物从人、汽车驾驶室上方通过，禁止无关人员在施工现场附近停留或通过；

（9）起吊物不得长时间悬在空中，起吊物在空中时，驾驶员不得离开驾驶室。

3. 培训教育

（1）入职后应参加单位组织的三级教育培训；

（2）作业前应参加安全技术交底，经培训合格后方可上岗。

4. 个体防护

戴好安全帽等个人防护用品。

5. 应急处置

（1）无论任何人，一旦发现起重机械存在起重伤害危险，应立即呼叫在场的全体人员远离事故可能发生点；

（2）现场人员应迅速通知当班班组，由班长打电话及时向应急抢救领导小组报告事故的发生情况，请求支援；

（3）根据现场情况，若有人员受伤，应立即拨打120急救电话，向急救中心求救。在急救车到来以前，应对受伤人员进行急救；

（4）在没有人员受伤的情况下，现场负责人应根据实际情况研究补救措施，在确保人员生命安全的前提下，组织恢复正常的生产秩序；

（5）执行起重伤害事故应急预案并定期演练。

四、坍塌

（一）危险源或潜在事件（人、物、作业环境、管理）

1. 工程结构设计不合理或计算错误。

2. 脚手架、模板支架、起重设备结构设计不合理或计算错误。

3. 施工前没有编制切实可行的施工组织设计和专项施工方案，未做具体技术安全措施交底，特定施工项目未经专家评审论证。

4. 施工现场管理松弛，各项质量、安全管理制度流于形式。

5. 片面追求经济利益，偷工减料，施工质量差。

6. 施工队伍素质差，不执行法规、标准，违章指挥，违章作业，思想上存在盲目性、冒险性、随意性。

7. 现场作业环境不良，安全防护设施缺乏。

（二）管控措施

1. 工程技术

（1）架子堆料，应严格控制堆重，以确保较大的安全储备；

（2）脚手架的构造尺寸应符合有关规定要求，与墙面应设置足够和牢固的拉结点，不得随意加大脚手杆距离或不设拉结；

（3）脚手架地基应平整夯实，或加设垫木、垫板，使其有足够的承载力，以防止发生整体或局部沉陷；

（4）脚手板要满铺、铺平、铺稳，不得有探头板；

（5）模板安装应按顺序进行；

（6）模板及支撑系统在未固定前，不得在模板上进行操作或利用拉杆上下人，安装预组装成片模板时，应边就位、边校正和安设连接件，并加设临时支撑，以利稳固；

（7）拆模时应按顺序自上而下逐块拆除，避免整体塌落，拆除承重顶板模板时，应设临时支撑，确保安全作业。

2. 管理措施

（1）制定操作规程、应急预案；

（2）执行动土、起重等相关作业审批手续；

（3）加强过程中的施工监控；

（4）设置安全警示标志；

（5）做好进入前的人员登记。

3. 培训教育

（1）入职后应参加单位组织的三级教育培训；

（2）上岗前应参加作业人员培训，合格后方可上岗。

4. 个体防护

戴好安全帽等个人防护用品。

5. 应急处置

（1）发现工作面有裂痕，或者在坡面上有浮石、危石和伞檐体可能塌落时，应组织相关人员立即撤离至安全地点，并采取可靠、安全的预防措施；

（2）边坡或建筑物发生坍塌后，造成人员被埋、被压的情况，应急救援领导小组应全员上岗，除立即逐级报告给主管部门之外，还应保护好现场，在确认不会再次发生同类事故的前提下，立即组织人员抢救受伤人员；

（3）当少部分浮石、危石和伞檐体坍塌时，现场抢救组专业救护人员要用铁锹进行挖掘，并注意不要伤及被埋人员；当整体倒塌造成特大事故时，由政府应急救援领导小组统一领导和指挥，各有关部门协调作战，保证抢险工作有条不紊地进行；要采用吊车、挖掘机进行抢救，现场要进行指挥和监控，防止机械设备伤及被埋或被压人员；

（4）执行坍塌事故应急预案其他措施。

五、物体打击

（一）危险源或潜在事件（人、物、作业环境、管理）

1. 作业人员进入施工现场未按要求佩戴安全帽。

2. 作业人员没有在规定的安全通道内活动。

3. 高处作业过程中的一般常用工具没有放在工具袋内，随手乱放。

4. 作业人员从高处往下抛掷材料、杂物、垃圾或向上递工具。

5. 脚手板不满铺或铺设不规范，物料堆放在临边及洞口附近。

6. 拆除工程未设警示标志，周围未设警戒区或未搭设防护棚。

7. 起重吊运物料时，没有专人进行指挥。

8. 起重吊装未按"十不吊"规定执行。

9. 平网、密目网防护不严，垂直交叉作业。

（二）管控措施

1. 工程技术

（1）科学规划合理的物料工具等存放位置，保障适当的防滑防坠落措施；

（2）避免垂直方向同时作业，必要时做好充分防护措施；

（3）高风险部位设置安全隔离屏障等设施。

2. 管理措施

（1）制定操作规程、应急预案；

（2）禁止冒险进入危险场所；

（3）大雾、大雪、大雨、雷雨或六级以上大风等恶劣天气，不准在底层作业，小心上面掉物打击；

（4）夜间施工，现场没有足够的照明，不准作业；

（5）上岗前饮酒、生病、精神不振、服用安眠镇静剂等药物，或经医生建议暂不宜登高作业的人员均不准作业。

3. 培训教育

（1）入职后应参加单位组织的三级教育培训；

（2）上岗前应参加物体打击防护相关培训；

（3）攀登和悬空作业人员及搭设架子与安全设施的人员，要经专业技术培训，考核合格后持证上岗。

4. 个体防护

戴好安全帽、防护面罩等个人防护用品。

5. 应急处置

（1）抢救的重点是对颅脑损伤、胸部骨折和出血进行处理，并马上组织抢救伤者脱离危险现场，尽快送医院进行抢救治疗，以免再发生损伤；

（2）在移动昏迷的颅脑损伤伤员时，应保持头、颈、胸在一条直线上，不能任意旋曲；若伴颈椎骨折，更应避免头颈的摆动，以防引起颈部血管神经及脊髓的附加损伤；

（3）观察伤者的受伤情况、受伤部位、伤害性质，如伤员发生休克，应先处理休克，遇呼吸、心跳停止者应立即进行人工呼吸，处于休克状态的伤员要让其安静、保暖、平卧、少动；

（4）出现颅脑损伤，必须维持呼吸道通畅；昏迷者应平卧，面部转向一侧，以防舌根下坠或分泌物、呕吐物吸入，发生喉阻塞；有骨折者，应初步固定后再搬运；

（5）防止伤口污染；

（6）执行物体打击事故应急预案并定期演练。

六、机械伤害

（一）危险源或潜在事件（人、物、作业环境、管理）

1. 机械设备未经检验合格入场。
2. 机械安全防护设施不齐全有效。
3. 机械设备维修保养不及时。
4. 机械操作人员无证上岗或未经岗前培训合格。
5. 施工现场交叉作业未保持安全距离，指挥不得当。
6. 作业人员的安全意识差，缺乏自我防护意识。

（二）管控措施

1. 工程技术

（1）机械设备应根据有关的安全要求，装设合理、可靠、不影响操作的安全装置；

（2）机械设备的零部件的强度、刚度应符合安全要求，安装应牢固；

（3）供电的导线必须正确安装，不得有任何破损和漏电的地方，电机绝缘应良好，其接线板应有盖板保护；

（4）开关、按钮等应完好无损，其带电部分不得裸露在外；

（5）局部照明应采用安全电压，禁止使用110V或220V的电压；

（6）重要的手柄应有可靠的定位及锁紧装置，同轴手柄应有明显的长短差别；

（7）手轮在机动时应能与转轴脱开；

（8）脚踏开关应有防护罩或藏入机身的凹入部分内。

2. 管理措施

（1）制定操作规程、应急预案；

（2）操作前应对机械设备进行安全检查，先空车运转，确认正常后，再投入运行；

（3）机械设备严禁带故障运行，不准随意拆除机械设备的安全装置；

（4）机械设备使用刀具、工夹具以及加工的零件等要装卡牢固，不得松动；

（5）机械设备运转时，严禁手调，不得用手测量零件或进行润滑、清扫杂物等；

（6）机械设备运转时，操作者不得离开工作岗位；

（7）工作结束后，应关闭开关，把刀具和工件从工作位置退出，并清理好工作场地，将零件、工夹具等摆放整齐，保持机械设备的清洁卫生。

3. 培训教育

（1）入职后应参加单位组织的三级教育培训；

（2）上岗前应参加机械作业人员培训，合格后方可上岗。

4. 个体防护

（1）戴好安全帽；

（2）做好"三紧"装束，禁止戴围巾等不安全装束。

5. 应急处置

（1）及时操作设备急停开关；

（2）现场施工负责人应立即报告项目部应急救援小组，应急指挥部应立即拨打120急救电话与医院取得联系；在医护人员没有来到之前，应检查受伤者的伤势、心跳及呼吸情况，视不同情况采取不同的急救措施；

（3）对被机械伤害的伤员，应迅速小心地使伤员脱离伤源，必要时，拆卸机器，移出受伤的肢体；

（4）对发生休克的伤员，应首先进行抢救；遇有呼吸、心跳停止者，可采取人工呼吸或胸外心脏挤压法，使其恢复正常；

（5）对骨折的伤员，应利用木板、竹片和绳布等捆绑骨折处的上下关节，固定骨折部位，也可将其上肢固定在身侧，下肢与另一健肢缚在一起；

（6）执行机械伤害事故应急预案中的其他行动。

七、车辆伤害

（一）危险源或潜在事件（人、物、作业环境、管理）

1. 车辆未经检验合格入场。

2. 车辆维修保养不及时。

3. 驾驶人员未进行岗前技术交底，带"病"上岗。

4. 现场工程车辆较多，指挥不得当。

5. 一般的施工车辆车体庞大，且装有各种不同类型的活动工作装置，影响司机的观察视线、操作难度加大。车辆的工作轮廓尺寸多为变量，整体通过能力差，工作重心离地距离大，稳定性差，容易造成事故。

6. 由于工程施工多数为一种短期的行为，所修建使用的交通道路多为临时道路，而且经常需要变更行车路线，路面情况多变，给交通管制带来了不少麻烦，无法像标准道路那样设立系统、完整、醒目的标志，难以形成对驾驶人员的行车警示，产生误区多。

7. 工地现场行驶路面及作业基础土质松软，甚至造成施工车辆倾斜度较大，从而导致车辆失衡倾翻。

（二）管控措施

1. 工程技术

（1）经常对车辆进行维护保养，保证车辆各零部件正常运转；

（2）车辆安装超速报警器、盲区警报器等安全装置；

（3）科学规划设置路况良好的临时交通道路。

2. 管理措施

（1）未经公安交警等部门培训合格持证人员、不熟悉车辆性能者不得驾驶车辆；

（2）应坚持做好例行保养工作，车辆制动器、喇叭、转向系统、灯光等影响安全的部件如作用不良不准出车；

（3）严禁翻斗车、自卸车车厢乘人，严禁人货混装，车辆载货应不超载、超高、超宽，捆扎应牢固可靠，应防止车内物体失稳跌落伤人；

（4）乘坐车辆应坐在安全处，头、手、身不得露出车厢外，要避免车辆启动制动时跌倒；

（5）车辆进出施工现场，在场内掉头、倒车，在狭窄场地行驶时应有专人指挥；

（6）现场行车进场要减速，并做到"四慢"，即道路情况不明要慢，线路不良要慢，起步、会车、停车要慢，在狭路、桥梁弯路、坡路、岔道、行人拥挤地点及出入大门时要慢；

（7）在临近机动车道的作业区以及在道路中的路障应加设安全色标、安全标志和防护措施，并要确保夜间有充足的照明；

（8）装卸车作业时，若车辆停在坡道上，应在车轮两侧用楔形木块加以固定。

3. 培训教育

（1）入职后应参加单位组织的三级教育培训；

（2）上岗前应参加设备作业人员培训，合格后持证上岗。

4. 个体防护

（1）戴好安全帽；

（2）驾驶员系好安全带。

5. 应急处置

（1）迅速将伤员脱离危险场地，移至安全地带；

（2）保持呼吸道通畅，若发现窒息者，应及时解除其呼吸道梗塞和呼吸机能障碍，应立即解开伤员衣领，消除伤员口鼻、咽喉部的异物、血块、分泌物、呕吐物等；

（3）有效止血，包扎伤口；

（4）视其伤情采取报警措施直接送往医院，或待简单处理后去医院检查；

（5）伤员有骨折、关节伤、肢体挤压伤、大块软组织伤都要固定；

（6）执行车辆伤害事故应急预案并定期演练。

八、火灾

（一）危险源或潜在事件（人、物、作业环境、管理）

1. 现场动火作业多，使用或储存相关可燃气体、液体以及施工中使用可燃物料。

2. 施工现场可燃物堆放杂乱，作业人员施焊或抽烟，火星掉落引燃。

3. 临时用电设备使用不当或出现故障。

4. 灭火器等灭火器材配置不足或年久失效。

5. 施工现场板房等使用易燃材料，冬季板房内使用电热毯、煤炉、电阻丝等大功率明火取暖设施。

6. 电气线路老化造成电气短路等。

（二）管控措施

1. 工程技术

（1）设置规范的危化品仓库、普货仓库，满足消防要求；

（2）配齐消防设施、灭火器材等消防用品，并保证有效。

2. 管理措施

（1）制定操作规程、应急预案；

（2）执行动火作业审批手续；

（3）设置安全警示标志。

3. 培训教育

（1）入职后应参加单位组织的三级教育培训；

（2）上岗前应参加动火作业人员培训，合格后方可上岗。

4. 个体防护

穿戴好个人防护用品。

5. 应急处置

（1）大声呼叫失火，并报告单位负责人，报警完毕后到路口迎接消防车及急救人员的到来；

（2）现场负责人负责现场总指挥，打电话给119报告失火地点、火势以及联系人和联系电话，同时通知主管领导；

（3）按应急方案立即进行自救，火灾初起阶段可用灭火器灭火、用消防桶提水、用铁锹铲土等，力争在火灾初起阶段将火扑灭；若事态严重，难以控制和处理，应在自救的同时向专业救援队求助；

（4）由电工负责切断电源，防止事态扩大；

（5）在组织扑救的同时，组织人员清理、疏散现场人员和易燃易爆、可燃材料；如有物资仓库起火，应首先抢救危险及其他有毒、易燃物品，防止人员伤害和环境污染；

（6）疏通事故发生现场的道路，保持消防通道的畅通，保证消防车辆通行及救援工作顺利进行；

（7）在急救过程中，遇有威胁人身安全情况，应首先确保人身安全，迅速疏散人群至安全地带，以减少不必要的伤亡；设立警戒线，禁止无关人员进入危险区域；组织人员脱离危险区域后，再采取紧急措施；对火灾事故造成的人身伤害要及时抢救，密切配合专业救援队伍进行急救工作；

（8）保护火灾现场，指派专人看守。

九、淹溺

（一）危险源或潜在事件（人、物、作业环境、管理）

1. 临水作业安全技术交底针对性不足，作业人员安全意识差。
2. 临水作业处未配备救生圈等救生设备。

（二）管控措施

1. 工程技术

（1）施工组织设计中列明临水安全防护措施；

（2）设置通用性临水防护围栏、防护绳等设施。

2. 管理措施

（1）制定操作规程、应急预案；

（2）加强过程中的作业监护；

（3）加强恶劣天气预警警示；

（4）设置安全警示标志。

3. 培训教育

（1）入职后应参加单位组织的三级教育培训；

（2）上岗前应参加临水作业人员培训，合格后方可上岗。

4. 个体防护

穿好救生衣等个人防护用品。

5. 应急处置

（1）现场会水者及救护人员发现溺水者，立即进行施救工作；

（2）现场人员不会水时，立即使用绳索、竹竿、木板或救生圈等让溺水者握住后将其拖上岸，其他人员拨打 120 急救电话；

（3）溺水者被抢救上岸后，立即清除其口、鼻的泥沙、呕吐物等，松解衣领、纽扣、腰带等，并注意保暖，必要时将舌头用毛巾、纱布包裹后拉出，保持呼吸道畅通；

（4）立即对溺水者进行控水（倒水），使胃内积水倒出；控水（倒水）方法：溺水者俯卧，救护者双手抱住溺水者腹部上提，或将溺水者放于救护者跪撑腿上，同时另一只手拍溺水者后背，迅速将水控出；

（5）执行应急救援预案中的相应急救措施。

十、高温中暑

（一）危险源或潜在事件（人、物、作业环境、管理）

夏季露天作业，高温下连续作业，未及时补充盐分、水分。

（二）管控措施

1. 工程技术

（1）合理设置遮阳、洒水等防晒防暑降温措施；

（2）局部高温部位，应设置独立温度调节设备设施。

2. 管理措施

（1）科学合理安排作息时间，尽量避免夏季高温时段露天作业；

（2）不良天气应严格控制加班情况；

（3）定期体检，有禁忌者应及时调离岗位。

3. 培训教育

（1）入职后应参加单位组织的三级教育培训；

（2）开展防暑降温类教育培训。

4. 个体防护

多喝清凉含盐饮料、绿豆汤等防暑饮品。

5. 应急处置

（1）及时脱离高温环境，迅速将病人移到阴凉、通风的地方，垫高头部，解开衣扣，平卧休息，观察体温、脉搏、呼吸、血压变化；

（2）用冷水毛巾敷头部，或用冰袋置于中暑者头部和大腿根部等部位，或用30%酒精擦身降温，并补充淡盐水以及绿豆汤等清凉饮料，清醒者也可服人丹、藿香正气水等；

（3）对热射病者应密切观察意识、瞳孔等变化，冷水洗面及颈部，以降低体表温度，有意识障碍呈昏迷者，要注意防止因呕吐物误吸而引起窒息，应将病人的头偏向一侧，保持其呼吸道通畅；

（4）对重症中暑者应立即送往医疗机构进行治疗。

第三节　隧道工程施工

一、坍塌

（一）危险源或潜在事件（人、物、作业环境、管理）

1. 地质条件差，开挖扰动造成围岩失稳。

2. 地表水和地下水加剧岩体失稳和塌落。

3. 未采取更为有效的超前支护措施，开挖进尺过大，初期支护未及时跟进。

（二）管控措施

1. 工程技术

（1）深基坑等高风险构筑物应进行必要的安全评估，制定科学的工程设计方案，列明放坡、支护、堆放、搭建等相关措施；

（2）开展必要的工程施工监控，提供整改建议；

（3）做好降水排水方案及相关措施；

（4）预留应急安全通道以便发生坍塌后可以逃生。

2. 管理措施

（1）制定操作规程、应急预案；

（2）执行动土、起重等相关作业审批手续；

（3）加强过程中的施工监控；

（4）设置安全警示标志；

（5）做好进入前的人员登记。

3. 培训教育

（1）入职后应参加单位组织的三级教育培训；

（2）上岗前应参加作业人员培训，合格后方可上岗。

4. 个体防护

戴好安全帽等个人防护用品。

5. 应急处置

（1）发现工作面有裂痕，或者在坡面上有浮石、危石和伞檐体可能塌落时，应组织相关人员立即撤离至安全地点，并采取可靠、安全的预防措施；

（2）边坡或建筑物发生坍塌后，造成人员被埋、被压的情况，除立即逐级报告给主管部门之外，还应保护好现场，在确认不会再次发生同类事故的前提下，立即组织人员抢救受伤人员；

（3）当少部分浮石、危石和伞檐体坍塌时，现场抢救组专业救护人员要用铁锹进行挖掘，并注意不要伤及被埋人员；当整体倒塌造成特大事故时，各有关部门应协调作战，保证抢险工作有条不紊地进行，要采用吊车、挖掘机进行抢救，现场要进行指挥和监控，防止机械设备伤及被埋或被压人员。

二、透水

（一）危险源或潜在事件（人、物、作业环境、管理）

1. 隧道埋深较浅，含水量高。
2. 衬砌厚度不足，衬砌混凝土强度不够，排水设计不当。
3. 复杂地质未通过地质雷达等预测手段进行超前预报。

（二）管控措施

1. 工程技术

（1）加强地质勘查和监控量测工作；

（2）建立可靠的排水系统，保证足够的排水能力；

（3）必要时可采取疏水降压或注浆加固等方式对承压水进行治理。

2. 管理措施

编制详细的防灾救援预案。发生事故之后，迅速控制事故发展并尽可能排除事故，保护现场人员和场外人员的安全。坚持预防为主，防治结合。做到"预测预报、有疑必探、先探后掘、先治后挖"和"防、堵、疏、排、截"综合治理措施。

3. 培训教育

加强从业人员培训，所有作业人员应对透水先兆及其预防措施，以及防透水、防汛设施做到应知、应懂、应会。

4. 个体防护

日常作业应携带食物，或在隧道中储备一些水和食物，一旦出现事故可用来应急。

5. 应急处置

（1）发现大量涌水坍塌情况，立即逃生并及时向上级报告；

（2）孔内大量涌水后发生坍塌，孔内人员被埋、被压或逃生不成功，发现人员应大声呼喊，报告班组长或直接报告项目应急自救领导小组人员，启动应急预案；

（3）了解孔内人员情况，派人清除孔口周围浮土、松石和杂物，尽量多调用周边抽水泵入孔加大抽水量，同时报告应急小组；

（4）疏散无关人员，划警戒区域，起吊提升装置，将应急爬梯入孔；

（5）视伤员情况，与附近医院联系或拨打120急救电话求助；

（6）如事故超出项目自救能力，要及时向附近矿山救援队或当地政府应急中心请求支援，同时，尽量加大抽排水量；

（7）保护好事故现场，等待事故调查组的调查处理。

三、触电

（一）危险源或潜在事件（人、物、作业环境、管理）

1. 电工等未取得特种作业人员资格证上岗作业。

2. 作业人员素质差，用电安全意识淡薄，管理人员未对用电进行技术交底或交底不详细，无针对性。

3. 随意敷设电线、电缆，临时用电电源线连接混乱。

4. 未落实供电和电缆接电工序交接手续。

5. 配电箱及开关箱内设置混乱：配电箱及开关箱不标名称、编号，不做回路标志；照明线与动力线未分开；配电系统未按"总配电箱（或配电柜）—分配电箱—开关箱"形成三级配电等。

6. 保护零线的设置不规范：临时用电系统保护零线引出不符合规范，未根据线路和用电设备的要求设置保护零线；重复接地的未设置接地极或者埋深不足；保护零线未能一直跟随全部线路，并不和用电器械设备的外壳相连接；保护零线的直径比较小，未采用专门色标的电线做保护零线（黄绿双色线）；等等。

（二）管控措施

1. 工程技术

（1）设置规范的三级配电设施和"一机、一闸、一漏保"，线路敷设合规合理；

（2）配备规范的保护接零接地、漏电保护装置、安全电压、等电位联结等措施；

（3）做好必要的避雷措施；

（4）严格落实供电和电缆接电工序交接手续。

2. 管理措施

（1）制定操作规程、应急预案，执行用电作业审批手续；

（2）电工必须持证上岗；

（3）配电箱等位置设置安全警示标志；

（4）开关箱应防雨、防尘、加锁，离地为1.5m，与其控制的固定电气设备的距离不超过3m；

（5）开关箱内不准存放任何物品，防止误操作造成事故；

（6）漏电保护器发生掉闸时，不能强行合闸，应由电工查明原因，排除故障后，才能继续使用；

（7）工地临时照明灯、标志灯，其电压不超过36V，特别潮湿场所、金属管道和容器内的照明灯，电压不超过12V，电气作业人员应穿绝缘鞋，戴绝缘手套；

（8）高压线的下方不得搭设临建，不准堆放材料和进行施工作业；

（9）在高压线一侧作业时，必须保持6m以上的水平距离，达不到上述距离时，必须采取隔离防护措施，防止作业人员作业时金属料具碰触高压线路，造成触电事故；

（10）线路停电检修必须在断电开关操作柄上悬挂"有人工作，禁止合闸"的标志牌，任何人不得随意移动；

（11）停用的设备必须拉闸断电，锁好开关箱，搬迁或移动用电设备，必须切断电源并做妥善处理后进行。

3. 培训教育

（1）入职后应参加单位组织的三级教育培训；

（2）上岗前应参加用电作业人员培训，合格后持证上岗。

4. 个体防护

穿、戴好绝缘鞋、绝缘手套等绝缘防护用品。

5. 应急处置

（1）切断相关电源，使触电者脱离接触；

（2）执行触电伤害事故应急预案并定期演练。

四、放炮

（一）危险源或潜在事件（人、物、作业环境、管理）

1. 职工违章作业，放炮母线敷设长度太短。
2. 现场管理混乱，职责不清，放炮警戒位置不合理。
3. 特殊工种管理存在缺陷。
4. 职工安全教育、培训工作存在差距。

（二）管控措施

1. 工程技术

（1）在施工炮眼过程中，根据岩层的性质和构造情况，合理确定爆破参数，现场施工掏槽眼时必须使用角度仪来控制炮眼的角度；

（2）技术审批人员要严格把关，并根据现场的变化及时调整爆破参数，确保爆破参数科学合理。

2. 管理措施

（1）放炮作业时严格按照规程作业，放炮前放炮员要认真检查电爆网络，杜绝漏联和不合格现象；

（2）在放炮后出现拒爆、残爆时，要严格执行汇报程序，现场查清原因、排查隐患，并经上级同意后方可处理；

（3）严格执行"一炮三检""三人联锁"放炮制度，严禁任何人擅自进入放炮区域作业；

（4）加强现场安全检查、监察的力度，及时发现隐患并处理掉，要把事故隐患消灭在萌芽状态之中。

3. 培训教育

（1）要对爆破的相关作业人员进行专项的爆破技术培训，使其能够不同程度地根据现场的岩性、岩层结构等因素合理确定爆破参数，保证放炮安全和爆破效率；

（2）加大对特殊工种的培训工作力度，使特殊工种真正掌握操作技能。

4. 个体防护

（1）每一次放炮，放炮员必须亲自连接母线；

（2）放炮必须按规定距离撤人。

5. 应急处置

（1）发生放炮事故后，在事故发生点 300m 内设立警戒区域，疏散人群，减少不必要的伤亡；

（2）根据不同事故情形，制定不同的处置措施，并按措施执行；

（3）出现人员受伤的，引导应急救援车辆及人员进入事故区域；

（4）对受伤人员实施救护，以最快的速度将其送往医院或联系救护车到现场救护。

五、高处坠落

（一）危险源或潜在事件（人、物、作业环境、管理）

1. 安全技术交底不到位，作业人员安全意识差，违章作业。

2. 管理人员违章指挥。

3. 临边作业防护设施不齐全、不规范。

4. 高处作业未系、挂安全带等安全装备。

5. 脚手架搭设不规范、防护设施不全、脚手板材质或铺设不符合要求。

（二）管控措施

1. 工程技术

（1）施工组织设计中列明高处临边、洞口等处防护措施；

（2）吊篮及其他移动平台配备生命绳等专项安全设施。

2. 管理措施

（1）严格规章制度，提高违章的成本，使责任单位和人员意识到违章划不来、承担不起，以杜绝他们冒险作业的念头；

（2）定期对从事高处作业的人员进行健康检查，一旦发现有妨碍高处作业的疾病或生理缺陷的人员，应当调离岗位；

（3）把好验收关，临边、洞口、电梯井、脚手架等防护设施在使用之前必须按照要求组织验收，验收时相关负责人要履行签字手续，验收合格后才能投入使用；

（4）加大现场安全检查的密度，及时纠正违章行为，通过安全巡检、周检、专项检查对在高处作业中违反安全技术操作规程和违反劳动纪律的行为进行纠正，彻底改变作业人员习惯性违章的行为；

（5）禁止在大雨、大雪及六级以上大风等恶劣天气从事露天悬空高处作业，大风、大雨、大雪天气过后应组织现场人员对脚手架、各种防护设施进行专项安全检查，确保安全后才能继续使用；

（6）夜间、照明光线不足时，不得从事悬空高处作业。

3. 培训教育

（1）上岗前应参加高处作业人员培训，取得作业证；

（2）增大对高处作业人员的安全教育频率；

（3）寻找高处坠落事故的发生规律，进行有针对性的教育和控制，如节假日前后、季节变化施工前、工程收尾阶段等作业人员人心比较散漫时进行针对性教育，并组织开展高处坠落的专项检查，通过检查及时将各种不利因素、事故苗头消灭在萌芽状态。

4. 个体防护

把好入场关。安全帽、安全带、安全网等防护用品的证件必须齐全。

5. 应急处置

（1）现场知情人应当立即采取措施，切断或隔离危险源，防止救援过程中发生次生灾害；

（2）切断或隔离危险源后，现场知情人员应当立即开展现场急救工作，同时请求应急救援和上报事故信息；

（3）及时拨打120并做好受伤人员的现场救护工作；

（4）执行高处坠落事故应急预案并定期演练。

六、物体打击

（一）危险源或潜在事件（人、物、作业环境、管理）

1. 作业人员进入施工现场未按要求佩戴安全帽。
2. 作业人员没有在规定的安全通道内活动。
3. 高处作业过程中的一般常用工具没有放在工具袋内，随手乱放。
4. 作业人员从高处往下抛掷材料、杂物、垃圾或向上递工具。

5. 脚手板不满铺或铺设不规范，物料堆放在临边及洞口附近。

6. 拆除工程未设警示标志，周围未设警戒区或未搭设防护棚。

7. 起重吊运物料时，没有专人进行指挥。

8. 起重吊装未按"十不吊"规定执行。

9. 平网、密目网防护不严，垂直交叉作业。

（二）管控措施

1. 工程技术

（1）外脚手架"四口""五临边"密目安全网及层层安全防护必须符合要求；

（2）交叉作业，要有隔离防护措施或上下双方签订"交替施工"的书面协议；

（3）在人员固定及密集场所，必须搭设面积足够、有防穿透能力的护棚；

（4）严禁上掷、下抛物料；

（5）搭设、拆除、调整有关设施的危险地点，必须划分危险区（5m以内），设警戒标志，设专人监护；

（6）作业前要对脚手架、工作台、梯子、设备等进行检查，确认完好，才准投入使用；

（7）外脚手架拆除及旧建筑物拆除，要制定拆除方案，对操作人员进行安全措施交底，拆除时自上而下逐层按顺序进行，禁止采取推倒和拦倒的方法拆除，拆除下来的物料应用溜槽、传递、吊运的方法运出现场，严禁抛扔造成打击伤人，拆除危险区域应设置围栏，划定戒严区，并派人看护。

2. 管理措施

（1）制定操作规程、应急预案；

（2）禁止冒险进入危险场所；

（3）大雾、大雪、大雨、雷雨或六级以上大风等恶劣天气，不准在底层作业，小心上面掉物打击；

（4）夜间施工，现场没有足够的照明，不准作业；

（5）上岗前饮酒、生病、精神不振、服用安眠镇静剂等药物，或经医生建议暂不宜登高作业的人员均不准作业。

3. 培训教育

（1）入职后应参加单位组织的三级教育培训；

（2）上岗前应参加物体打击防护相关培训；

（3）攀登和悬空作业人员及搭设架子与安全设施的人员，要经专业技术培训，考核合格后持证上岗。

4. 个体防护

戴好安全帽、防护面罩等个人防护用品。

5. 应急处置

（1）抢救的重点是对颅脑损伤、胸部骨折和出血进行处理，并马上组织抢救伤者脱离危险现场，尽快送医院进行抢救治疗，以免再发生损伤；

（2）在移动昏迷的颅脑损伤伤员时，应保持头、颈、胸在一条直线上，不能任意旋曲；若伴颈椎骨折，更应避免头颈的摆动，以防引起颈部血管神经及脊髓的附加损伤；

（3）观察伤者的受伤情况、受伤部位、伤害性质，如伤员发生休克，应先处理休克；

（4）出现颅脑损伤，必须维持呼吸道通畅；昏迷者应平卧，面部转向一侧，以防舌根下坠或分泌物、呕吐物吸入，发生喉阻塞；有骨折者，应初步固定后再搬运；

（5）防止伤口污染；

（6）执行物体打击事故应急预案并定期演练。

七、起重伤害

（一）危险源或潜在事件（人、物、作业环境、管理）

1. 起重设备操作人员、司索工、指挥员等相关特种作业人员无证上岗，未经岗前培训，对设备操作不熟练或未严格遵守起重机械安全操作规程进行操作。

2. 司索工等人员作业经验不足，分析判断能力差，捆绑物品对物体重心掌握不够，重量估计不准，超载起吊。

3. 特种设备未经特种设备安全监督管理部门检验合格备案，限位装置、止脱器等零部件缺失。

4. 违反起重机械"十不吊"原则。

5. 多台设备同时作业，相互间距离过近造成干扰。

6. 无专人指挥、指挥不当或起重司机不注意听从指挥。

7. 流动式起重机支腿未完全伸开。

（二）管控措施

1. 工程技术

（1）根据现场条件，编制专项起重作业方案，验算起重量，选择起重设备，并通过方案审查；

（2）配备规范的起重设备、起重吊索具等设施；

（3）吊装物完整，具备正常吊装条件。

2. 管理措施

（1）制定应急预案；

（2）起重设备取得特种设备合格证、使用登记证等；

（3）操作、指挥、司索等人员取得资格证书，严格执行"十不吊"；

（4）执行起重作业审批手续；

（5）禁止人员冒险进入危险场所；

（6）设置安全警戒及安全警示标志；

（7）启动机械，检查各仪表、工作装置、安全装置是否正常，经试运转，确认安全后方可开始作业；

（8）起重机工作时，在起重臂下严禁站人，禁止被起吊的重物从人、汽车驾驶室上方通过，禁止无关人员在施工现场附近停留或通过；

（9）起吊物不得长时间悬在空中，起吊物在空中时，驾驶员不得离开驾驶室。

3. 培训教育

（1）入职后应参加单位组织的三级教育培训；

（2）作业前应参加安全技术交底，经培训合格后方可上岗。

4. 个体防护

戴好安全帽等个人防护用品。

5. 应急处置

（1）无论任何人，一旦发现起重机械存在起重伤害危险，应立即呼叫在场的全体人员远离事故可能发生点；

（2）现场人员应迅速通知当班班组，由班长打电话及时向应急抢救领导小组报告事故的发生情况，请求支援；

（3）根据现场情况，若有人员受伤，应立即拨打 120 急救电话，向急救中心求救，在急救车到来以前，应对受伤人员进行急救；

（4）在没有人员受伤的情况下，现场负责人应根据实际情况研究补救措施，在确保人员生命安全的前提下，组织恢复正常的生产秩序；

（5）执行起重伤害事故应急预案并定期演练。

八、机械伤害

（一）危险源或潜在事件（人、物、作业环境、管理）

1. 机械设备未经检验合格入场。
2. 机械安全防护设施不齐全有效。
3. 机械设备维修保养不及时。
4. 机械操作人员无证上岗或未经岗前培训合格。
5. 施工现场交叉作业未保持安全距离，指挥不得当。
6. 作业人员的安全意识差，缺乏自我防护意识。

（二）管控措施

1. 工程技术

（1）机械设备应根据有关的安全要求，装设合理、可靠、不影响操作的安全装置；

（2）机械设备的零部件的强度、刚度应符合安全要求，安装应牢固；

（3）供电的导线必须正确安装，不得有任何破损和漏电的地方，电机绝缘应良好，其接线板应有盖板保护；

（4）开关、按钮等应完好无损，其带电部分不得裸露在外；

（5）局部照明应采用安全电压，禁止使用 110V 或 220V 的电压；

（6）重要的手柄应有可靠的定位及锁紧装置，同轴手柄应有明显的长短差别；

（7）手轮在机动时应能与转轴脱开；

（8）脚踏开关应有防护罩或藏入机身的凹入部分内。

2. 管理措施

（1）制定操作规程、应急预案；

（2）操作前应对机械设备进行安全检查，先空车运转，确认正常后，再投入运行；

（3）机械设备严禁带故障运行，不准随意拆除机械设备的安全装置；

（4）机械设备使用刀具、工夹具以及加工的零件等要装卡牢固，不得松动；

（5）机械设备运转时，严禁手调，不得用手测量零件或进行润滑、清扫杂物等；

（6）机械设备运转时，操作者不得离开工作岗位；

（7）工作结束后，应关闭开关，把刀具和工件从工作位置退出，并清理好工作场地，将零件、工夹具等摆放整齐，保持机械设备的清洁卫生。

3. 培训教育

（1）入职后应参加单位组织的三级教育培训；

（2）上岗前应参加机械作业人员培训，合格后方可上岗。

4. 个体防护

（1）戴好安全帽；

（2）做好"三紧"装束，禁止戴围巾等不安全装束。

5. 应急处置

（1）及时操作设备急停开关；

（2）现场施工负责人应立即报告项目部应急救援小组，应急指挥部应立即拨打120急救电话与医院取得联系，在医护人员没有来到之前，应检查受伤者的伤势、心跳及呼吸情况，视不同情况采取不同的急救措施；

（3）对被机械伤害的伤员，应迅速小心地使伤员脱离伤源，必要时，拆卸机器，移出受伤的肢体；

（4）对发生休克的伤员，应首先进行抢救；遇有呼吸、心跳停止者，可采取人工呼吸或胸外心脏挤压法，使其恢复正常；

（5）对骨折的伤员，应利用木板、竹片和绳布等捆绑骨折处的上下关节，固定骨折部位，也可将其上肢固定在身侧，下肢与另一健肢缚在一起；

（6）执行机械伤害事故应急预案中的其他行动。

九、中毒和窒息

（一）危险源或潜在事件（人、物、作业环境、管理）

1. 现场作业人员未进行岗前体检，有沥青施工禁忌的人员参与施工。

2. 现场作业人员未佩戴合格的安全防护用品。

3. 安全技术交底不到位，作业人员未按作业规程进行施工作业。

（二）管控措施

1. 工程技术

（1）探索实施半封闭或全封闭作业；

（2）提升通风换气水平，改善空气条件；

（3）局部区域采用空气调节专用设备设施。

2. 管理措施

（1）制定操作规程、应急预案；

（2）设置作业监护人；

（3）严防冬季取暖等引发一氧化碳中毒窒息；

（4）设置安全警示标志。

3. 培训教育

（1）入职后应参加单位组织的三级教育培训；

（2）上岗前应参加中毒窒息防护相关培训。

4. 个体防护

戴好防毒口罩等防护用品。

5. 应急处置

（1）佩戴好个人防护用品，采取有效的防护措施；

（2）及时将中毒者救出事故现场，转移到空气新鲜、流动处（室外或上风向位置），脱去被污染的衣物，松开领口、紧身衣物和腰带，以利于中毒者呼吸畅通，方便毒物尽快排出体外，如有条件可给中毒者输氧气；注意使中毒者保暖、静卧，利用身边的急救药品和抢救方法进行救护，同时密切观察伤者病情的变化；

（3）执行中毒窒息事故应急预案并定期演练。

十、车辆伤害

（一）危险源或潜在事件（人、物、作业环境、管理）

1. 车辆未经检验合格入场。

2. 车辆维修保养不及时。

3. 驾驶人员未进行岗前技术交底，带"病"上岗。

4. 现场工程车辆较多，指挥不得当。

5. 一般的施工车辆车体庞大，且装有各种不同类型的活动工作装置，影响司机的观察视线，操作难度加大。车辆的工作轮廓尺寸多为变量，整体通过能力差，工作重心离地距离大，稳定性差，容易造成事故。

6. 由于工程施工多数为一种短期的行为，所修建使用的交通道路多为临时道路，而且经常需要变更行车路线，路面情况多变，给交通管制带来了不少麻烦，无法像标准道路那样设立系统、完整、醒目的标志，难以形成对驾驶人员的行车警示，产生误区多。

7. 工地现场行驶路面及作业基础土质松软，甚至造成施工车辆倾斜度较大，从而导致车辆失衡倾翻。

（二）管控措施

1. 工程技术

（1）经常对车辆进行维护保养，保证车辆各零部件正常运转；

（2）车辆安装超速报警器、盲区警报器等安全装置；

（3）科学规划设置路况良好的临时交通道路。

2. 管理措施

（1）未经公安交警等部门培训合格持证人员、不熟悉车辆性能者不得驾驶车辆；

（2）应坚持做好例行保养工作，车辆制动器、喇叭、转向系统、灯光等影响安全的部件如作用不良不准出车；

（3）严禁翻斗车、自卸车车厢乘人，严禁人货混装，车辆载货应不超载、超高、超宽，捆扎应牢固可靠，应防止车内物体失稳跌落伤人；

（4）乘坐车辆应坐在安全处，头、手、身不得露出车厢外，要避免车辆启动制动时跌倒；

（5）车辆进出施工现场，在场内掉头、倒车，在狭窄场地行驶时应有专人指挥；

（6）现场行车进场要减速，并做到"四慢"，即道路情况不明要慢，线路不良要慢，起步、会车、停车要慢，在狭路、桥梁弯路、坡路、岔道、行人拥挤地点及出入大门时要慢；

（7）在临近机动车道的作业区以及在道路中的路障应加设安全色标、安全标志和防护措施，并要确保夜间有充足的照明；

（8）装卸车作业时，若车辆停在坡道上，应在车轮两侧用楔形木块加以固定。

3. 培训教育

（1）入职后应参加单位组织的三级教育培训；

（2）上岗前应参加设备作业人员培训，合格后持证上岗。

4. 个体防护

（1）戴好安全帽；

（2）驾驶员系好安全带。

5. 应急处置

（1）迅速将伤员脱离危险场地，移至安全地带；

（2）保持呼吸道通畅，若发现窒息者，应及时解除其呼吸道梗塞和呼吸机能障碍，应立即解开伤员衣领，消除伤员口鼻、咽喉部的异物、血块、分泌物、呕吐物等；

（3）有效止血，包扎伤口；

（4）视其伤情采取报警措施直接送往医院，或待简单处理后去医院检查；

（5）伤员有骨折、关节伤、肢体挤压伤、大块软组织伤都要固定；

（6）执行车辆伤害事故应急预案并定期演练。

十一、冒顶片帮

（一）危险源或潜在事件（人、物、作业环境、管理）

1. 开挖方法选择不合理，顶板管理方法不当。
2. 作业人员疏忽大意，检查不周。
3. 爆破设计方案不得当。
4. 地质情况变化，自然条件不好。
5. 地压活动的影响。

（二）管控措施

1. 工程技术

（1）选用正确的开挖方法；

（2）贯彻"管超前、严注浆、短进尺、强支护、早封闭、快衬砌"的原则；洞口施工前完善地表排水系统，防止积水软化边坡坡脚土体，影响结构安全；软弱破碎及岩溶段施工时先采用管棚或超前小导管进行预支护和加固围岩，然后采用短台阶法开挖，必要时预留核心土，保证施工安全和质量；

（3）按照地质勘查报告和设计文件，制定《超前地质预测预报方案》并实施，为隧道支护参数的选择提供依据；

（4）严格按照设计图纸和隧道施工技术规范进行施工；

（5）优化爆破设计，尽量减少对围岩的扰动，爆破通风后立即进行找帮、找顶，清除松动的围岩，并及时施作初期支护，要加强初期支护施工的过程控制，确保初期支护质量满足设计要求；对围岩情况与设计不符的要立即与设计单位进行联系，变更设计，调整支护参数。

2. 管理措施

（1）制定《隧道施工监控量测计划》，加强量测管理，及时反馈信息，同时，施工员、量测人员每天必须检查初期支护变形情况，为及时调整、优化施工方案和结构支护参数提供依据，以策安全；

（2）根据设计的要求和施工方案，运用网络计划技术，认真编制实施性施工组织设计，要在实施中，经常分析施工进展和施工组织设计情况，结合现场实际，落实安全技术措施，在保证安全和质量的前提下，按预计的期限完成任务；

（3）始终贯彻"安全第一，预防为主"的安全方针，建立健全安全管理规章制度和组织机构，并严格制定和落实各级岗位的安全责任制度；要规定定期检查和非定期检查制度，并设置安全机构，配专职安全员，经常对施工安全进行监督检查；制定安全目标制度，加强目标管理，要求各工点认真填报各种安全统计报表，分析安全动态，制定安全施工奖惩制度，提高安全管理水平。

3. 培训教育

组织工程技术人员和基层干部学习施工技术规范，掌握设计标准和施工方案，不断更新知识，正确组织指导施工；严格要求每个作业人员遵守安全规则，按操作规程办事，进行正规化、标准化作业，隧道作业的机械工、爆破工、喷锚工、风枪工、电工及安全员等特殊工种必须进行岗位、专业培训，经过理论和实践考核，取得合格证书后方能上岗。

4. 个体防护

（1）加大安全防护投入，营造适宜的洞内工作环境；

（2）装设安全防护装置，配备安全防护设施和用品，做好安全防护，所有进洞人员必须佩戴安全帽；电焊工、喷射手等特种作业人员按规定佩戴好防护用品；

（3）采用机械通风、湿式凿岩、洒水喷雾等措施降尘，使洞内粉尘和有害气体浓度达到规范所要求的卫生标准。

5. 应急处置

（1）隧道塌方或冒顶片帮事故发生后，按照程序上报，领导小组组长到达事故现场指挥抢险，与救援领导小组成员一起查看险情，确定是否有伤亡或失踪人员，确定抢险方案，同时启动应急响应等级，各小组根据应急响应等级迅速开展工作，在保证抢险人员安全的情况下，迅速抢救伤员，搜救失踪人员；

（2）设物组将抢险材料运到事故地点，抢险组按确定的抢险方案对塌体两端或冒顶片帮处进行加固，防止塌方或冒顶片帮事故扩大；

（3）塌体两端或冒顶片帮加固后，抢险组应采取一切手段搜寻被埋在塌体中的失踪人员；

（4）失踪人员找到后，救护组人员应立即组织抢救，必要时，送往定点医院救治；

（5）详细观测隧道坍塌范围、形状、塌穴的地质构造，分析坍方原因和地下水活动情况，制定处理方案报监理工程师批准实施；

（6）发生坍方后，及时加固未坍塌地段，防止塌穴扩大和继续发展，同时加强排水工程；

（7）当坍方规模较小时，首先加固塌体两端洞身，尽快施作喷射混凝土或锚喷联合支护，封闭塌穴顶部和侧部，然后清渣，或在保证安全的前提下，在塌渣上架设施工临时支架，稳定顶部而后清渣；

（8）当坍方规模很大，塌渣体堵死洞身时，采取先护后挖的方法，在查清塌穴规模大小和穴顶位置后，采用管棚法或注浆凝固法稳固围岩体和渣体，待其稳定后，按先上部后下部的顺序清除渣体。

第四节　水运工程施工

一、淹溺

（一）危险源或潜在事件（人、物、作业环境、管理）

1. 临水作业安全技术交底针对性不足，作业人员安全意识差。
2. 临水作业处未配备救生圈等救生设备。

（二）管控措施

1. 工程技术

（1）施工组织设计中列明临水安全防护措施；

（2）设置通用性临水防护围栏、防护绳等设施。

2. 管理措施

（1）制定操作规程、应急预案；

（2）加强过程中的作业监护；

（3）加强恶劣天气预警警示；

（4）设置安全警示标志。

3. 培训教育

（1）入职后应参加单位组织的三级教育培训；

（2）上岗前应参加临水作业人员培训，合格后方可上岗。

4. 个体防护

穿好救生衣等个人防护用品。

5. 应急处置

（1）现场会水者及救护人员发现溺水者，立即进行施救工作；

（2）现场人员不会水时，立即使用绳索、竹竿、木板或救生圈等让溺水者握住后将其拖上岸，其他人员拨打120急救电话；

（3）溺水者被抢救上岸后，立即清除口、鼻的泥沙、呕吐物等，松解衣领、纽扣、腰带等，并注意保暖，必要时将舌头用毛巾、纱布包裹后拉出，保持呼吸道畅通；

（4）立即对溺水者进行控水（倒水），使胃内积水倒出；控水（倒水）方法：溺水者俯卧，救护者双手抱住溺水者腹部上提，或将溺水者放于救护者跪撑腿上，同时另一只手拍溺水者后背，迅速将水控出；

（5）执行应急救援预案中的相应急救措施。

二、火药爆炸

（一）危险源或潜在事件（人、物、作业环境、管理）

1. 清淤等爆破需要，临时仓储管理不当。

2. 装运或卸载时操作不当。

（二）管控措施

1. 工程技术

（1）开展工程爆破设计，符合标准规定，列明相关防护措施；

（2）分别设置合规的起爆器材、火药专用仓库；

（3）及时设置应急避险场所及通道。

2. 管理措施

（1）设计、施工单位应持有相应爆破资质证书、许可证等；

（2）作业人员应持有爆破相关资格证书；

（3）施工必须获得批准；

（4）严格执行施工组织设计，发布爆破通告并设置警戒；

（5）起爆器材与火药存放、领用合规；

（6）进行炸礁风险识别，制定炸礁风险源清单；

（7）制定风险管控制度、方案，制定应急方案、应急管理措施等。

3. 培训教育

（1）入职后应参加单位组织的三级教育培训；

（2）上岗前应参加安全培训，合格后持证上岗；

（3）作业前应参加技术交底，接受专项安全培训。

4. 个体防护

穿戴好个人防护用品。

5. 应急处置

（1）清点当班作业人数，积极抢救遇险、遇难人员，排查现场，查看有无被困人员；

（2）爆炸引起火灾而灾区有遇难人员时，必须采用直接灭火法灭火，灭火后及时通风，降低有毒有害气体浓度；

（3）爆破引发围岩及建构筑物垮塌时，应先对其支护加固，确保救援人员安全；

（4）清理事故现场，查看有无二次爆炸或次生灾害发生；

（5）组织有关人员对爆炸区进行全面调查，查清爆炸事故发生的原因；

（6）保护好事故现场，事故幸存者积极配合有关人员的调查。

三、车辆伤害

（一）危险源或潜在事件（人、物、作业环境、管理）

1. 车辆未经检验合格入场。
2. 车辆维修保养不及时。
3. 驾驶人员未进行岗前技术交底，带"病"上岗。
4. 现场工程车辆较多，指挥不得当。
5. 一般的施工车辆车体庞大，且装有各种不同类型的活动工作装置，影响司机的观察视线，操作难度加大。车辆的工作轮廓尺寸多为变量，整体通过能力差，工作重心离地距离大，稳定性差，容易造成事故。

6. 由于工程施工多数为一种短期的行为，所修建使用的交通道路多为临时道路，而且经常需要变更行车路线，路面情况多变，给交通管制带来了不少麻烦，无法像标准道路那样设立系统、完整、醒目的标志，难以形成对驾驶人员的行车警示，产生误区多。

7. 工地现场行驶路面及作业基础土质松软，甚至造成施工车辆倾斜度较大，从而导致车辆失衡倾翻。

（二）管控措施

1. 工程技术

（1）经常对车辆进行维护保养，保证车辆各零部件正常运转；

（2）车辆安装超速报警器、盲区警报器等安全装置；

（3）科学规划设置路况良好的临时交通道路。

2. 管理措施

（1）未经公安交警等部门培训合格持证人员、不熟悉车辆性能者不得驾驶车辆；

（2）应坚持做好例行保养工作，车辆制动器、喇叭、转向系统、灯光等影响安全的部件如作用不良不准出车；

（3）严禁翻斗车、自卸车车厢乘人，严禁人货混装，车辆载货应不超载、超高、超宽，捆扎应牢固可靠、应防止车内物体失稳跌落伤人；

（4）乘坐车辆应坐在安全处，头、手、身不得露出车厢外，要避免车辆启动制动时跌倒；

（5）车辆进出施工现场，在场内掉头、倒车，在狭窄场地行驶时应有专人指挥；

（6）现场行车进场要减速，并做到"四慢"，即道路情况不明要慢，线路不良要慢，起步、会车、停车要慢，在狭路、桥梁弯路、坡路、岔道、行人拥挤地点及出入大门时要慢；

（7）在临近机动车道的作业区以及在道路中的路障应加设安全色标、安全标志和防护措施，并要确保夜间有充足的照明；

（8）装卸车作业时，若车辆停在坡道上，应在车轮两侧用楔形木块加以固定。

3. 培训教育

（1）入职后应参加单位组织的三级教育培训；

（2）上岗前应参加设备作业人员培训，合格后持证上岗。

4. 个体防护

（1）戴好安全帽；

（2）驾驶员系好安全带。

5. 应急处置

（1）迅速将伤员脱离危险场地，移至安全地带；

（2）保持呼吸道通畅，若发现窒息者，应及时解除其呼吸道梗塞和呼吸机能障碍，应立即解开伤员衣领，消除伤员口鼻、咽喉部的异物、血块、分泌物、呕吐物等；

（3）有效止血，包扎伤口；

（4）视其伤情采取报警措施直接送往医院，或待简单处理后去医院检查；

（5）伤员有骨折、关节伤、肢体挤压伤、大块软组织伤都要固定；

（6）执行车辆伤害事故应急预案并定期演练。

四、触电

（一）危险源或潜在事件（人、物、作业环境、管理）

1. 电工等未取得特种作业人员资格证上岗作业；

2. 作业人员素质差，用电安全意识淡薄，管理人员未对用电进行技术交底或交底不详细、无针对性。

3. 随意敷设电线、电缆，临时用电电源线连接混乱。

4. 未落实供电和电缆接电工序交接手续。

5. 配电箱及开关箱内设置混乱：配电箱及开关箱不标名称、编号，不做回路标志；照明线与动力线未分开；配电系统未按"总配电箱（或配电柜）—分配电箱—开关箱"形成三级配电等。

6. 保护零线的设置不规范：临时用电系统保护零线引出不符合规范，未根据线路和用电设备的要求设置保护零线;重复接地的未设置接地极或者埋深不足;保护零线未能一直跟随全部线路,并不和用电器械设备的外壳相连接;保护零线的直径比较小,未采用专门色标的电线做保护零线(黄绿双色线);等等。

(二)管控措施

1. 工程技术

(1)设置规范的三级配电设施和"一机、一闸、一漏保",线路敷设合规合理;

(2)配备规范的保护接零接地、漏电保护装置、安全电压、等电位联结等措施;

(3)做好必要的避雷措施;

(4)严格落实供电和电缆接电工序交接手续。

2. 管理措施

(1)制定操作规程、应急预案,执行用电作业审批手续;

(2)电工必须持证上岗;

(3)配电箱等位置设置安全警示标志;

(4)开关箱应防雨、防尘、加锁,离地为1.5m,与其控制的固定电气设备的距离不超过3m;

(5)开关箱内不准存放任何物品,防止误操作造成事故;

(6)漏电保护器发生掉闸时,不能强行合闸,应由电工查明原因,排除故障后,才能继续使用;

(7)工地临时照明灯、标志灯,其电压不超过36V,特别潮湿场所、金属管道和容器内的照明灯,电压不超过12V,电气作业人员应穿绝缘鞋,戴绝缘手套;

(8)高压线的下方不得搭设临建,不准堆放材料和进行施工作业;

(9)在高压线一侧作业时,必须保持6m以上的水平距离,达不到上述距离时,必须采取隔离防护措施,防止造成触电事故;

(10)线路停电检修必须在断电开关操作柄上悬挂"有人工作,禁止合闸"的标志牌,任何人不得随意移动;

(11)停用的设备必须拉闸断电,锁好开关箱,搬迁或移动用电设备,必须切断电源并做妥善处理后进行。

3. 培训教育

（1）入职后应参加单位组织的三级教育培训；

（2）上岗前应参加用电作业人员培训，合格后持证上岗。

4. 个体防护

穿、戴好绝缘鞋、绝缘手套等绝缘防护用品。

5. 应急处置

（1）切断相关电源，使触电者脱离接触；

（2）执行触电伤害事故应急预案并定期演练。

五、起重伤害

（一）危险源或潜在事件（人、物、作业环境、管理）

1. 起重设备操作人员、司索工、指挥员等相关特种作业人员无证上岗，未经岗前培训，对设备操作不熟练或未严格遵守起重机械安全操作规程进行操作。

2. 司索工等人员作业经验不足，分析判断能力差，捆绑物品对物体重心掌握不够，重量估计不准，超载起吊。

3. 特种设备未经特种设备安全监督管理部门检验合格备案，限位装置、止脱器等零部件缺失。

4. 违反起重机械"十不吊"原则。

5. 多台设备同时作业，相互间距离过近造成干扰。

6. 无专人指挥、指挥不当或起重司机不注意听从指挥。

7. 流动式起重机支腿未完全伸开。

（二）管控措施

1. 工程技术

（1）根据现场条件，编制专项起重作业方案，验算起重量，选择起重设备，并通过方案审查；

（2）配备规范的起重设备、起重吊索具等设施；

（3）吊装物完整，具备正常吊装条件。

2. 管理措施

（1）制定应急预案；

（2）起重设备取得特种设备合格证、使用登记证等；

（3）操作、指挥、司索等人员取得资格证书，严格执行"十不吊"；

（4）执行起重作业审批手续；

（5）禁止人员冒险进入危险场所；

（6）设置安全警戒及安全警示标志；

（7）启动机械，检查各仪表、工作装置、安全装置是否正常，经试运转，确认安全后方可开始作业；

（8）起重机工作时，在起重臂下严禁站人，禁止被起吊的重物从人、汽车驾驶室上方通过，禁止无关人员在施工现场附近停留或通过；

（9）起吊物不得长时间悬在空中，起吊物在空中时，驾驶员不得离开驾驶室。

3. 培训教育

（1）入职后应参加单位组织的三级教育培训；

（2）作业前应参加安全技术交底，经培训合格后方可上岗。

4. 个体防护

戴好安全帽等个人防护用品。

5. 应急处置

（1）无论任何人，一旦发现起重机械存在起重伤害危险，应立即呼叫在场的全体人员远离事故可能发生点；

（2）现场人员应迅速通知当班班组，由班长打电话及时向应急抢救领导小组报告事故的发生情况，请求支援；

（3）根据现场情况，若有人员受伤，应立即拨打120急救电话，向急救中心求救，在急救车到来以前，应对受伤人员进行急救；

（4）在没有人员受伤的情况下，现场负责人应根据实际情况研究补救措施，在确保人员生命安全的前提下，组织恢复正常的生产秩序；

（5）执行起重伤害事故应急预案并定期演练。

六、火灾

（一）危险源或潜在事件（人、物、作业环境、管理）

1. 现场动火作业多，使用或储存相关可燃气体、液体以及施工中使用可燃物料。

2. 施工现场可燃物堆放杂乱，作业人员施焊或抽烟，火星掉落引燃。

3. 临时用电设备使用不当或出现故障。

4. 灭火器等灭火器材配置不足或年久失效。

5. 施工现场板房等使用易燃材料，冬季板房内使用电热毯、煤炉、电阻丝等大功率明火取暖设施。

6. 电气线路老化造成电气短路等。

（二）管控措施

1. 工程技术

（1）设置规范的危化品仓库、普货仓库，满足消防要求；

（2）配齐消防设施、灭火器材等消防用品，并保证有效。

2. 管理措施

（1）制定操作规程、应急预案；

（2）执行动火作业审批手续；

（3）设置安全警示标志。

3. 培训教育

（1）入职后应参加单位组织的三级教育培训；

（2）上岗前应参加动火作业人员培训，合格后方可上岗。

4. 个体防护

穿戴好个人防护用品。

5. 应急处置

（1）大声呼叫失火，并报告单位负责人，报警完毕后到路口迎接消防车及急救人员的到来；

（2）现场负责人负责现场总指挥，打电话给119报告失火地点、火势以及联系人和联系电话，同时通知主管领导；

（3）按应急方案立即进行自救。火灾初起阶段可用灭火器灭火、用消防桶提水、用铁锹铲土等，力争在火灾初起阶段将火扑灭。若事态严重，难以控制和处理，应在自救的同时向专业救援队求助；

（4）由电工负责切断电源，防止事态扩大；

（5）在组织扑救的同时，组织人员清理、疏散现场人员和易燃易爆、可燃材料；如有物资仓库起火，应首先抢救危险及其他有毒、易燃物品，防止人员伤害和环境污染；

（6）疏通事故发生现场的道路，保持消防通道的畅通，保证消防车辆通行及救援工作顺利进行；

（7）在急救过程中，遇有威胁人身安全情况，应首先确保人身安全，迅速疏散人群至安全地带，以减少不必要的伤亡；设立警戒线，禁止无关人员进入危险区域；组织人员脱离危险区域后，再采取紧急措施；对火灾事故造成的人身伤害要及时抢救，密切配合专业救援队伍进行急救工作；

（8）保护火灾现场，指派专人看守。

七、坍塌

（一）危险源或潜在事件（人、物、作业环境、管理）

1. 预制混凝土作业工程结构设计不合理或计算错误。

2. 脚手架、模板支架、起重设备结构设计不合理或计算错误。

3. 施工前没有编制切实可行的施工组织设计和专项施工方案，未做具体技术安全措施交底，特定施工项目未经专家评审论证。

4. 施工现场管理松弛，各项质量、安全管理制度流于形式。

5. 片面追求经济利益，偷工减料，施工质量差。

6. 施工队伍素质差，不执行法规、标准，违章指挥，违章作业，思想上存在盲目性、冒险性、随意性。

7. 现场作业环境不良，安全防护设施缺乏。

（二）管控措施

1. 工程技术

（1）架子堆料，应严格控制堆重，以确保较大的安全储备；

（2）脚手架的构造尺寸应符合有关规定要求，与墙面应设置足够和牢固的拉结点，不得随意加大脚手杆距离或不设拉结，造成架子变形或倾倒；

（3）脚手架地基应平整夯实，或加设垫木、垫板，使其有足够的承载力，以防止发生整体或局部沉陷；

（4）脚手板要满铺、铺平、铺稳，不得有探头板；

（5）模板安装应按顺序进行；

（6）模板及支撑系统在未固定前，不得在模板上进行操作或利用拉杆上下人，安装预组装成片模板时，应边就位、边校正和安设连接件，并加设临时支撑，以利稳固；

（7）拆模时应按顺序自上而下逐块拆除，避免整体塌落，拆除承重顶板模板时，应设临时支撑，确保安全作业。

2. 管理措施

（1）制定操作规程、应急预案；

（2）执行动土、起重等相关作业审批手续；

（3）加强过程中的施工监控；

（4）设置安全警示标志；

（5）做好进入前的人员登记。

3. 培训教育

（1）入职后应参加单位组织的三级教育培训；

（2）上岗前应参加作业人员培训，合格后方可上岗。

4. 个体防护

戴好安全帽等个人防护用品。

5. 应急处置

（1）发现工作面有裂痕，或者在坡面上有浮石、危石和伞檐体可能塌落时，应组织相关人员立即撤离至安全地点；

（2）边坡或建筑物发生坍塌后，造成人员被埋、被压的情况，除立即逐级报告给主管部门之外，还应保护好现场，在确认不会再次发生同类事故的前提下，立即组织人员抢救受伤人员；

（3）当少部分浮石、危石和伞檐体坍塌时，现场抢救组专业救护人员要用铁锹进行挖掘；当整体倒塌造成特大事故时，各有关部门协调作战，保证抢险工作有条不紊地进行；要采用吊车、挖掘机进行抢救，现场要进行指挥和监控，防止机械设备伤及被埋或被压人员；

（4）执行坍塌事故应急预案其他措施。

八、物体打击

（一）危险源或潜在事件（人、物、作业环境、管理）

1. 作业人员进入施工现场未按要求佩戴安全帽。
2. 作业人员没有在规定的安全通道内活动。
3. 高处作业过程中的一般常用工具没有放在工具袋内，随手乱放。
4. 作业人员从高处往下抛掷材料、杂物、垃圾或向上递工具。
5. 脚手板不满铺或铺设不规范，物料堆放在临边及洞口附近。
6. 拆除工程未设警示标志，周围未设警戒区或未搭设防护棚。
7. 起重吊运物料时，没有专人进行指挥。
8. 起重吊装未按"十不吊"规定执行。
9. 平网、密目网防护不严，垂直交叉作业。

（二）管控措施

1. 工程技术

（1）外脚手架"四口""五临边"密目安全网及层层安全防护必须符合要求；

（2）交叉作业，要有隔离防护措施或上下双方签订"交替施工"的书面协议；

（3）在人员固定及密集场所，如卷扬机、通道口等外必须搭设面积足够、有防穿透能力的护棚；

（4）严禁上掷、下抛物料；

（5）搭设、拆除、调整有关设施的危险地点，必须划分危险区（周围5m以内），设警戒标志，设专人监护；

（6）作业前要对脚手架、工作台、梯子、吊架、设备等进行检查，确认完好，才准投入使用；

（7）外脚手架拆除及旧建筑物拆除，要制定拆除方案，对操作人员进行安全措施交底，拆除时自上而下逐层按顺序进行，禁止采取推倒和拦倒的方法拆除，拆除下来的物料应用传递、吊运的方法运出现场。

2. 管理措施

（1）制定操作规程、应急预案；

（2）禁止冒险进入危险场所；

（3）大雾、大雪、大雨、雷雨或六级以上大风等恶劣天气，不准在底层作业，小心上面掉物打击；

（4）夜间施工，现场没有足够的照明，不准作业；

（5）上岗前饮酒、生病、精神不振、服用安眠镇静剂等药物，或经医生建议暂不宜登高作业的人员均不准作业。

3. 培训教育

（1）入职后应参加单位组织的三级教育培训；

（2）上岗前应参加物体打击防护相关培训；

（3）攀登和悬空作业人员及搭设架子与安全设施的人员，要经专业技术培训，考核合格后持证上岗。

4. 个体防护

戴好安全帽、防护面罩等个人防护用品。

5. 应急处置

（1）抢救的重点是对颅脑损伤、胸部骨折和出血进行处理，并马上组织抢救伤者脱离危险现场，尽快送医院进行抢救治疗；

（2）在移动昏迷的颅脑损伤伤员时，应保持头、颈、胸在一条直线上，不能任意旋曲；若伴颈椎骨折，更应避免头颈的摆动，以防引起颈部血管神经及脊髓的附加损伤；

（3）观察伤者的受伤情况、受伤部位、伤害性质，如伤员发生休克，应先处理休克，遇呼吸、心跳停止者应立即进行人工呼吸；

（4）出现颅脑损伤，必须维持呼吸道通畅；昏迷者应平卧，面部转向一侧，以防舌根下坠或分泌物、呕吐物吸入，发生喉阻塞；有骨折者，应初步固定后再搬运；

（5）防止伤口污染；

（6）执行物体打击事故应急预案并定期演练。

九、机械伤害

（一）危险源或潜在事件（人、物、作业环境、管理）

1. 机械设备未经检验合格入场。

2. 机械安全防护设施不齐全有效。

3. 机械设备维修保养不及时。

4. 机械操作人员无证上岗或未经岗前培训合格。

5. 施工现场交叉作业未保持安全距离，指挥不得当。

6. 作业人员的安全意识差，缺乏自我防护意识。

（二）管控措施

1. 工程技术

（1）机械设备应根据有关的安全要求，装设合理、可靠、不影响操作的安全装置；

（2）机械设备的零部件的强度、刚度应符合安全要求，安装应牢固；

（3）供电的导线必须正确安装，不得有任何破损和漏电的地方，电机绝缘应良好，其接线板应有盖板保护；

（4）开关、按钮等应完好无损，其带电部分不得裸露在外；

（5）局部照明应采用安全电压，禁止使用 110V 或 220V 的电压；

（6）重要的手柄应有可靠的定位及锁紧装置，同轴手柄应有明显的长短差别；

（7）手轮在机动时应能与转轴脱开；

（8）脚踏开关应有防护罩或藏入机身的凹入部分内。

2. 管理措施

（1）制定操作规程、应急预案；

（2）操作前应对机械设备进行安全检查，先空车运转，确认正常后，再投入运行；

（3）机械设备严禁带故障运行，不准随意拆除机械设备的安全装置；

（4）机械设备使用刀具、工夹具以及加工的零件等要装卡牢固，不得松动；

（5）机械设备运转时，严禁手调，不得用手测量零件或进行润滑、清扫杂物等；

（6）机械设备运转时，操作者不得离开工作岗位；

（7）工作结束后，应关闭开关，把刀具和工件从工作位置退出，并清理好工作场地，将零件、工夹具等摆放整齐，保持机械设备的清洁卫生。

3. 培训教育

（1）入职后应参加单位组织的三级教育培训；

（2）上岗前应参加机械作业人员培训，合格后方可上岗。

4. 个体防护

（1）戴好安全帽；

（2）做好"三紧"装束，禁止戴围巾等不安全装束。

5. 应急处置

（1）及时操作设备急停开关；

（2）现场施工负责人应立即报告项目部应急救援小组，应急指挥部应立即拨打120急救电话与医院取得联系，在医护人员没有来到之前，应检查受伤者的伤势、心跳及呼吸情况，视不同情况采取不同的急救措施；

（3）对被机械伤害的伤员，应迅速小心地使伤员脱离伤源，必要时，拆卸机器，移出受伤的肢体；

（4）对发生休克的伤员，应首先进行抢救，遇有呼吸、心跳停止者，可采取人工呼吸或胸外心脏挤压法，使其恢复正常；

（5）对骨折的伤员，应利用木板、竹片和绳布等捆绑骨折处的上下关节，固定骨折部位，也可将其上肢固定在身侧，下肢与另一健肢缚在一起；

（6）执行机械伤害事故应急预案中的其他行动。

十、高处坠落

（一）危险源或潜在事件（人、物、作业环境、管理）

1. 安全技术交底不到位，作业人员安全意识差，违章作业。

2. 管理人员违章指挥。

3. 临边作业防护设施不齐全、不规范。

4. 自制挂篮、吊篮等未经安全验算，设备材质强度不够。

5. 高处作业未系、挂安全带等安全装备。

6. 脚手架搭设不规范、防护设施不全、脚手板材质或铺设不符合要求。

（二）管控措施

1. 工程技术

（1）施工组织设计中列明高处临边、洞口等处防护措施；

（2）吊篮及其他移动平台配备生命绳等专项安全措施。

2. 管理措施

（1）严格规章制度，提高违章的成本，使责任单位和人员意识到违章划不来、承担不起，以杜绝他们冒险作业的念头；

（2）定期对从事高处作业的人员进行健康检查，一旦发现有妨碍高处作业的疾病或生理缺陷的人员，应当调离岗位；

（3）把好验收关，临边、洞口、电梯井、脚手架等防护设施在使用之前必须按照要求组织验收，验收时相关负责人要履行签字手续，验收合格后才能投入使用；

（4）加大现场安全检查的密度，及时纠正违章行为，通过安全巡检、周检、专项检查对在高处作业中违反安全技术操作规程和违反劳动纪律的行为进行纠正，彻底改变作业人员习惯性违章的行为；

（5）禁止在大雨、大雪及六级以上大风等恶劣天气从事露天悬空高处作业，大风、大雨、大雪天气过后应组织现场人员对脚手架、各种防护设施进行专项安全检查，确保安全后才能继续使用；

（6）夜间、照明光线不足时，不得从事悬空高处作业。

3. 培训教育

（1）上岗前应参加高处作业人员培训，取得高空作业证后方可上岗；

（2）增大对高处作业人员的安全教育频率；

（3）寻找高处坠落事故的发生规律，进行有针对性的教育和控制，如节假日前后、季节变化施工前、工程收尾阶段等作业人员人心比较散漫时进行针对性教育，并组织开展高处坠落的专项检查，通过检查及时将各种不利因素、事故苗头消灭在萌芽状态。

4. 个体防护

把好入场关。安全帽、安全带、安全网等防护用品的证件必须齐全。

5. 应急处置

（1）现场知情人应当立即采取措施，切断或隔离危险源，防止救援过程中发生次生灾害；

（2）切断或隔离危险源后，现场知情人员应当立即开展现场急救工作，同时请求应急救援和上报事故信息；

（3）及时拨打120并做好受伤人员的现场救护工作；

（4）执行高处坠落事故应急预案并定期演练。

十一、高温中暑

（一）危险源或潜在事件（人、物、作业环境、管理）

夏季露天作业，高温下连续作业，未及时补充盐分、水分。

（二）管控措施

1. 工程技术

（1）合理设置遮阳、洒水等防晒防暑降温措施；

（2）局部高温部位，应设置独立温度调节设备设施。

2. 管理措施

（1）科学合理安排作息时间，尽量避免夏季高温时段露天作业；

（2）不良天气应严格控制加班情况；

（3）定期体检，有禁忌者应及时调离岗位。

3. 培训教育

（1）入职后应参加单位组织的三级教育培训；

（2）开展防暑降温类教育培训。

4. 个体防护

多喝清凉含盐饮料、绿豆汤等防暑饮品。

5. 应急处置

（1）及时脱离高温环境，迅速将病人移到阴凉、通风的地方，垫高头部，解开衣扣，平卧休息，观察体温、脉搏、呼吸、血压变化；

（2）用冷水毛巾敷头部，或用冰袋置于中暑者头部和大腿根部等部位，或用30%酒精擦身降温，并补充淡盐水以及绿豆汤等清凉饮料，清醒者也可服人丹、藿香正气水等；

（3）对热射病者应密切观察意识、瞳孔等变化，冷水洗面及颈部，以降低体表温度，有意识障碍呈昏迷者，要注意防止因呕吐物误吸而引起窒息，应将病人的头偏向一侧，保持其呼吸道通畅；

（4）对重症中暑者应立即送往医疗机构进行治疗。

第五节　其他工程施工

一、起重伤害

（一）危险源或潜在事件（人、物、作业环境、管理）

1. 起重设备操作人员、司索工、指挥员等相关特种作业人员无证上岗，未经岗前培训，对设备操作不熟练或未严格遵守起重机械安全操作规程进行操作。

2. 司索工等人员作业经验不足，分析判断能力差，捆绑物品对物体重心掌握不够，重量估计不准，超载起吊。

3. 特种设备未经特种设备安全监督管理部门检验合格备案，限位装置、止脱器等零部件缺失。

4. 违反起重机械"十不吊"原则。

5. 多台设备同时作业，相互间距离过近造成干扰。

6. 无专人指挥、指挥不当或起重司机不注意听从指挥。

7. 流动式起重机支腿未完全伸开。

（二）管控措施

1. 工程技术

（1）根据现场条件，编制专项起重作业方案，验算起重量，选择起重设备，并通过方案审查；

（2）配备规范的起重设备、起重吊索具等设施；

（3）吊装物完整，具备正常吊装条件。

2. 管理措施

（1）制定应急预案；

（2）起重设备取得特种设备合格证、使用登记证等；

（3）操作、指挥、司索等人员取得资格证书，严格执行"十不吊"；

（4）执行起重作业审批手续；

（5）禁止人员冒险进入危险场所；

（6）设置安全警戒及安全警示标志；

（7）启动机械，检查各仪表、工作装置、安全装置是否正常，经试运转，确认安全后方可开始作业；

（8）起重机工作时，在起重臂下严禁站人，禁止被起吊的重物从人、汽车驾驶室上方通过，禁止无关人员在施工现场附近停留或通过；

（9）起吊物不得长时间悬在空中，起吊物在空中时，驾驶员不得离开驾驶室。

3. 培训教育

（1）入职后应参加单位组织的三级教育培训；

（2）作业前应参加安全技术交底，经培训合格后方可上岗。

4. 个体防护

戴好安全帽等个人防护用品。

5. 应急处置

（1）无论任何人，一旦发现起重机械存在起重伤害危险，应立即呼叫在场的全体人员远离事故可能发生点；

（2）现场人员应迅速通知当班班组，由班长打电话及时向应急抢救领导小组报告事故的发生情况，请求支援；

（3）根据现场情况，若有人员受伤，应立即拨打120急救电话，向急救中心求救，在急救车到来以前，应对受伤人员进行急救；

（4）在没有人员受伤的情况下，现场负责人应根据实际情况研究补救措施，在确保人员生命安全的前提下，组织恢复正常的生产秩序；

（5）执行起重伤害事故应急预案并定期演练。

二、坍塌

（一）危险源或潜在事件（人、物、作业环境、管理）

1. 工程结构设计不合理或计算错误。
2. 脚手架、模板支架、起重设备结构设计不合理或计算错误。
3. 施工前没有编制切实可行的施工组织设计和专项施工方案，未做具体技术安全措施交底，特定施工项目未经专家评审论证。
4. 施工现场管理松弛，各项质量、安全管理制度流于形式。
5. 片面追求经济利益，偷工减料，施工质量差。
6. 施工队伍素质差，不执行法规、标准，违章指挥，违章作业，思想上存在盲目性、冒险性、随意性。
7. 现场作业环境不良，安全防护设施缺乏。

（二）管控措施

1. 工程技术

（1）深基坑等高风险构筑物应进行必要的安全评估，制定科学的工程设计方案，列明放坡、支护、堆放、搭建等相关措施；

（2）做好降水排水方案及相关措施；

（3）脚手架的构造尺寸应符合有关规定要求，与墙面应设置足够和牢固的拉结点，不得随意加大脚手杆距离或不设拉结，造成架子变形或倾倒；

（4）脚手架地基应平整夯实，或加设垫木、垫板，使其有足够的承载力，以防止发生整体或局部沉陷；

（5）脚手板要满铺、铺平、铺稳，不得有探头板；

（6）脚手架搭设过程中要及时设置联墙杆、剪刀撑以及必要的拉绳和吊索，避免搭设过程中发生偏斜和倾倒；

（7）模板安装应按顺序进行；

（8）模板及支撑系统在未固定前，不得在模板上进行操作或利用拉杆上下人；安装预组装成片模板时，应边就位、边校正和安设连接件，并加设临时支撑，以利稳固；吊装模板应将吊装机械调整适当，做到稳起稳落，就位准确，不得大幅度摆动；

（9）拆模时应按顺序自上而下逐块拆除，避免整体塌落，拆除承重顶板模板时，应设临时支撑，确保安全作业。

2. 管理措施

（1）制定操作规程、应急预案；

（2）执行动土、起重等相关作业审批手续；

（3）加强过程中的施工监控；

（4）设置安全警示标志；

（5）做好进入前的人员登记。

3. 培训教育

（1）入职后应参加单位组织的三级教育培训；

（2）上岗前应参加作业人员培训，合格后方可上岗。

4. 个体防护

戴好安全帽等个人防护用品。

5. 应急处置

（1）发现工作面有裂痕，或者在坡面上有浮石、危石和伞檐体可能塌落时，应组织相关人员立即撤离至安全地点，并采取可靠、安全的预防措施；

（2）边坡或建筑物发生坍塌后，造成人员被埋、被压的情况，应急救援领导小组应全员上岗，除立即逐级报告给主管部门之外，还应保护好现场，在确认不会再次发生同类事故的前提下，立即组织人员抢救受伤人员；

（3）当少部分浮石、危石和伞檐体坍塌时，现场抢救组专业救护人员要用铁锹进行挖掘，并注意不要伤及被埋人员；当整体倒塌造成特大事故时，由政府应急救援领导小组统一领导和指挥，各有关部门协调作战，保证抢险工作有条不紊地进行，要采用吊车、挖掘机进行抢救，现场要进行指挥和监控，防止机械设备伤及被埋或被压人员；

（4）执行坍塌事故应急预案其他措施。

三、触电

（一）危险源或潜在事件（人、物、作业环境、管理）

1. 电工等未取得特种作业人员资格证上岗作业。

2. 作业人员素质差，用电安全意识淡薄，管理人员未对用电进行技术交底或交底不详细、无针对性。

3. 随意敷设电线、电缆，临时用电电源线连接混乱。

4. 未落实供电和电缆接电工序交接手续。

5. 配电箱及开关箱内设置混乱：配电箱及开关箱不标名称、编号，不做回路标志；照明线与动力线未分开；配电系统未按"总配电箱（或配电柜）—分配电箱—开关箱"形成三级配电等。

6. 保护零线的设置不规范：临时用电系统保护零线引出不符合规范，未根据线路和用电设备的要求设置保护零线；重复接地的未设置接地极或者埋深不足；保护零线未能一直跟随全部线路，并不和用电器械设备的外壳相连接；保护零线的直径比较小，未采用专门色标的电线做保护零线（黄绿双色线）；等等。

（二）管控措施

1. 工程技术

（1）设置规范的三级配电设施和"一机、一闸、一漏保"，线路敷设合规合理；

（2）配备规范的保护接零接地、漏电保护装置、安全电压、等电位联结等措施；

（3）做好必要的避雷措施；

（4）严格落实供电和电缆接电工序交接手续。

2. 管理措施

（1）制定操作规程、应急预案，执行用电作业审批手续；

（2）电工必须持证上岗；

（3）配电箱等位置设置安全警示标志；

（4）开关箱应防雨、防尘、加锁，离地为1.5m，与其控制的固定电气设备的距离不超过3m；

（5）开关箱内不准存放任何物品，防止误操作造成事故；开关箱内的电器安装与接线，必须由电工操作，非电工严禁操作；

（6）漏电保护器发生掉闸时，不能强行合闸，应由电工查明原因，排除故障后，才能继续使用；

（7）工地临时照明灯、标志灯，其电压不超过 36V，特别潮湿场所、金属管道和容器内的照明灯，电压不超过 12V，电气作业人员应穿绝缘鞋，戴绝缘手套；

（8）高压线的下方不得搭设临建，不准堆放材料和进行施工作业；

（9）在高压线一侧作业时，必须保持 6m 以上的水平距离；

（10）线路停电检修必须在断电开关操作柄上悬挂"有人工作，禁止合闸"的标志牌，任何人不得随意移动；

（11）停用的设备必须拉闸断电，锁好开关箱，搬迁或移动用电设备，必须切断电源并做妥善处理后进行。

3. 培训教育

（1）入职后应参加单位组织的三级教育培训；

（2）上岗前应参加用电作业人员培训，合格后持证上岗。

4. 个体防护

穿、戴好绝缘鞋、绝缘手套等绝缘防护用品。

5. 应急处置

（1）切断相关电源，使触电者脱离接触；

（2）执行触电伤害事故应急预案并定期演练。

四、机械伤害

（一）危险源或潜在事件（人、物、作业环境、管理）

1. 机械设备未经检验合格入场。
2. 机械安全防护设施不齐全有效。
3. 机械设备维修保养不及时。
4. 机械操作人员无证上岗或未经岗前培训合格。
5. 施工现场交叉作业未保持安全距离，指挥不得当。

6. 作业人员的安全意识差,缺乏自我防护意识。

(二) 管控措施

1. 工程技术

(1) 机械设备应根据有关的安全要求,装设合理、可靠、不影响操作的安全装置;

(2) 机械设备的零部件的强度、刚度应符合安全要求,安装应牢固;

(3) 供电的导线必须正确安装,不得有任何破损和漏电的地方,电机绝缘应良好,其接线板应有盖板保护;

(4) 开关、按钮等应完好无损,其带电部分不得裸露在外;

(5) 局部照明应采用安全电压,禁止使用 110V 或 220V 的电压;

(6) 重要的手柄应有可靠的定位及锁紧装置,同轴手柄应有明显的长短差别;

(7) 手轮在机动时应能与转轴脱开;

(8) 脚踏开关应有防护罩或藏入机身的凹入部分内。

2. 管理措施

(1) 制定操作规程、应急预案;

(2) 操作前应对机械设备进行安全检查,先空车运转,确认正常后,再投入运行;

(3) 机械设备严禁带故障运行,不准随意拆除机械设备的安全装置;

(4) 机械设备使用刀具、工夹具以及加工的零件等要装卡牢固,不得松动;

(5) 机械设备运转时,严禁手调,不得用手测量零件或进行润滑、清扫杂物等;

(6) 机械设备运转时,操作者不得离开工作岗位;

(7) 工作结束后,应关闭开关,把刀具和工件从工作位置退出,并清理好工作场地,将零件、工夹具等摆放整齐,保持机械设备的清洁卫生。

3. 培训教育

(1) 入职后应参加单位组织的三级教育培训;

(2) 上岗前应参加机械作业人员培训,合格后方可上岗。

4. 个体防护

（1）戴好安全帽；

（2）做好"三紧"装束，禁止戴围巾等不安全装束。

5. 应急处置

（1）及时操作设备急停开关；

（2）现场施工负责人应立即报告项目部应急救援小组，应急指挥部应立即拨打 120 急救电话与医院取得联系；在医护人员没有来到之前，应检查受伤者的伤势、心跳及呼吸情况，视不同情况采取不同的急救措施；

（3）对被机械伤害的伤员，应迅速小心地使伤员脱离伤源，必要时，拆卸机器，移出受伤的肢体；

（4）对发生休克的伤员，应首先进行抢救；遇有呼吸、心跳停止者，可采取人工呼吸或胸外心脏挤压法，使其恢复正常；

（5）对骨折的伤员，应利用木板、竹片和绳布等捆绑骨折处的上下关节，固定骨折部位；

（6）执行机械伤害事故应急预案中的其他行动。

五、车辆伤害

（一）危险源或潜在事件（人、物、作业环境、管理）

1. 车辆未经检验合格入场。

2. 车辆维修保养不及时。

3. 驾驶人员未进行岗前技术交底，带"病"上岗。

4. 现场工程车辆较多，指挥不得当。

5. 一般的施工车辆车体庞大，且装有各种不同类型的活动工作装置，影响司机的观察视线，操作难度加大。车辆的工作轮廓尺寸多为变量，整体通过能力差，工作重心离地距离大，稳定性差，容易造成事故。

6. 由于工程施工多数为一种短期的行为，所修建使用的交通道路多为临时道路，而且经常需要变更行车路线，路面情况多变，给交通管制带来了不少麻烦，无法像标准道路那样设立系统、完整、醒目的标志，难以形成对驾驶人员的行车警示，产生误区多。

7. 工地现场行驶路面及作业基础土质松软，甚至造成施工车辆倾斜度较大，从而导致车辆失衡倾翻。

（二）管控措施

1. 工程技术

（1）经常对车辆进行维护保养，保证车辆各零部件正常运转；

（2）车辆安装超速报警器、盲区警报器等安全装置；

（3）科学规划设置路况良好的临时交通道路。

2. 管理措施

（1）未经公安交警等部门培训合格持证人员，不熟悉车辆性能者不得驾驶车辆；

（2）应坚持做好例行保养工作，车辆制动器、喇叭、转向系统、灯光等影响安全的部件如作用不良不准出车；

（3）严禁翻斗车、自卸车车厢乘人，严禁人货混装，车辆载货应不超载、超高、超宽，捆扎应牢固可靠，应防止车内物体失稳跌落伤人；

（4）乘坐车辆应坐在安全处，头、手、身不得露出车厢外，要避免车辆启动制动时跌倒；

（5）车辆进出施工现场，在场内掉头、倒车，在狭窄场地行驶时应有专人指挥；

（6）现场行车进场要减速，并做到"四慢"，即道路情况不明要慢，线路不良要慢，起步、会车、停车要慢，在狭路、桥梁弯路、坡路、岔道、行人拥挤地点及出入大门时要慢；

（7）在临近机动车道的作业区以及在道路中的路障应加设安全色标、安全标志和防护措施，并要确保夜间有充足的照明；

（8）装卸车作业时，若车辆停在坡道上，应在车轮两侧用楔形木块加以固定。

3. 培训教育

（1）入职后应参加单位组织的三级教育培训；

（2）上岗前应参加设备作业人员培训，合格后持证上岗。

4. 个体防护

（1）戴好安全帽；

（2）驾驶员系好安全带。

5. 应急处置

（1）迅速将伤员脱离危险场地，移至安全地带；

（2）保持呼吸道通畅，若发现窒息者，应及时解除其呼吸道梗塞和呼吸机能障碍，应立即解开伤员衣领，消除伤员口鼻、咽喉部的异物、血块、分泌物、呕吐物等；

（3）有效止血，包扎伤口；

（4）视其伤情采取报警措施直接送往医院，或待简单处理后去医院检查；

（5）伤员有骨折、关节伤、肢体挤压伤、大块软组织伤都要固定；

（6）执行车辆伤害事故应急预案并定期演练。

六、火灾

（一）危险源或潜在事件（人、物、作业环境、管理）

现场动火作业多，使用或储存相关可燃气体、液体以及施工中使用可燃物料。

（二）管控措施

1. 工程技术

（1）设置规范的危化品仓库、普货仓库，满足消防要求；

（2）配齐消防设施、灭火器材等消防用品，并保证有效。

2. 管理措施

（1）制定操作规程、应急预案；

（2）执行动火作业审批手续；

（3）设置安全警示标志。

3. 培训教育

（1）入职后应参加单位组织的三级教育培训；

（2）上岗前应参加动火作业人员培训，合格后方可上岗。

4. 个体防护

穿戴好个人防护用品。

5. 应急处置

(1) 大声呼叫失火,并报告单位负责人,报警完毕后到路口迎接消防车及急救人员的到来;

(2) 现场负责人负责现场总指挥,打电话给 119 报告失火地点、火势以及联系人和联系电话,同时通知主管领导;

(3) 按应急方案立即进行自救,火灾初起阶段可用灭火器灭火、用消防桶提水、用铁锹铲土等,力争在火灾初起阶段将火扑灭;若事态严重,难以控制和处理,应在自救的同时向专业救援队求助;

(4) 由电工负责切断电源,防止事态扩大;

(5) 在组织扑救的同时,组织人员清理、疏散现场人员和易燃易爆、可燃材料;如有物资仓库起火,应首先抢救危险及其他有毒、易燃物品,防止人员伤害和环境污染;

(6) 疏通事故发生现场的道路,保持消防通道的畅通,保证消防车辆通行及救援工作顺利进行;

(7) 在急救过程中,遇有威胁人身安全情况,应首先确保人身安全,迅速疏散人群至安全地带,以减少不必要的伤亡;设立警戒线,禁止无关人员进入危险区域;组织人员脱离危险区域后,再采取紧急措施;对火灾事故造成的人身伤害要及时抢救,密切配合专业救援队伍进行急救工作;

(8) 保护火灾现场,指派专人看守。

七、中毒和窒息

(一) 危险源或潜在事件 (人、物、作业环境、管理)

1. 现场作业人员未佩戴合格的安全防护用品。
2. 安全技术交底不到位,作业人员未按作业规程进行施工作业。

（二）管控措施

1. 工程技术

（1）探索实施半封闭或全封闭作业；

（2）提升通风换气水平，改善空气条件；

（3）局部区域采用空气调节专用设备设施。

2. 管理措施

（1）制定操作规程、应急预案；

（2）设置作业监护人；

（3）严防冬季取暖等引发一氧化碳中毒窒息；

（4）设置安全警示标志。

3. 培训教育

（1）入职后应参加单位组织的三级教育培训；

（2）上岗前应参加中毒窒息防护相关培训。

4. 个体防护

戴好防毒口罩等防护用品。

5. 应急处置

（1）佩戴好个人防护用品，采取有效的防护措施；

（2）及时将中毒者救出事故现场，转移到空气新鲜、流动处（室外或上风向位置），脱去被污染的衣物，松开领口、紧身衣物和腰带，以利于中毒者呼吸畅通，方便毒物尽快排出体外，如有条件可给中毒者输氧气；注意使中毒者保暖、静卧，利用身边的急救药品和抢救方法进行救护，同时密切观察伤者病情的变化；

（3）执行中毒窒息事故应急预案并定期演练。

八、高处坠落

（一）危险源或潜在事件（人、物、作业环境、管理）

1. 安全技术交底不到位，作业人员安全意识差，违章作业。

2. 管理人员违章指挥。

3. 临边作业防护设施不齐全、不规范。

4. 高处作业未系、挂安全带等安全装备。

5. 脚手架搭设不规范、防护设施不全、脚手板材质或铺设不符合要求。

（二）管控措施

1. 工程技术

（1）施工组织设计中列明高处临边、洞口等处防护措施；

（2）吊篮及其他移动平台配备生命绳等专项安全措施。

2. 管理措施

（1）严格规章制度，提高违章的成本，使责任单位和人员意识到违章划不来、承担不起，以杜绝他们冒险作业的念头；

（2）定期对从事高处作业的人员进行健康检查，一旦发现有妨碍高处作业的疾病或生理缺陷的人员，应当调离岗位；

（3）把好验收关。临边、洞口、电梯井、脚手架等防护设施在使用之前必须按照要求组织验收，验收时相关负责人要履行签字手续，验收合格后才能投入使用；

（4）加大现场安全检查的密度，及时纠正违章行为，通过安全巡检、周检、专项检查对在高处作业中违反安全技术操作规程和违反劳动纪律的行为进行纠正，彻底改变作业人员习惯性违章的行为；

（5）禁止在大雨、大雪及六级以上大风等恶劣天气从事露天悬空高处作业。大风、大雨、大雪天气过后应组织现场人员对脚手架、各种防护设施进行专项安全检查，确保安全后才能继续使用；

（6）夜间、照明光线不足时，不得从事悬空高处作业。

3. 培训教育

（1）上岗前应参加高处作业人员培训，取得高空作业证后方可上岗；

（2）增大对高处作业人员的安全教育频率；

（3）寻找高处坠落事故的发生规律，进行有针对性的教育和控制，如节假日前后、季节变化施工前、工程收尾阶段等作业人员人心比较散漫时进行针对性教育，并组织开展高处坠落的专项检查，通过检查及时将各种不利因素、事故苗头消灭在萌芽状态。

4. 个体防护

把好入场关。安全帽、安全带、安全网等防护用品的证件必须齐全。

5. 应急处置

（1）现场知情人应当立即采取措施，切断或隔离危险源，防止救援过程中发生次生灾害；

（2）切断或隔离危险源后，现场知情人员应当立即开展现场急救工作，同时请求应急救援和上报事故信息；

（3）及时拨打 120 并做好受伤人员的现场救护工作；

（4）执行高处坠落事故应急预案并定期演练。

九、物体打击

（一）危险源或潜在事件（人、物、作业环境、管理）

1. 作业人员进入施工现场未按要求佩戴安全帽。
2. 作业人员没有在规定的安全通道内活动。
3. 高处作业过程中的一般常用工具没有放在工具袋内，随手乱放。
4. 作业人员从高处往下抛掷材料、杂物、垃圾或向上递工具。
5. 脚手板不满铺或铺设不规范，物料堆放在临边及洞口附近。
6. 拆除工程未设警示标志，周围未设警戒区或未搭设防护棚。
7. 起重吊运物料时，没有专人进行指挥。
8. 起重吊装未按"十不吊"规定执行。
9. 平网、密目网防护不严，垂直交叉作业。

（二）管控措施

1. 工程技术

（1）外脚手架"四口""五临边"密目安全网及层层安全防护必须符合要求；

（2）交叉作业，要有隔离防护措施或上下双方签订"交替施工"的书面协议；

（3）人员固定及密集场所，如卷扬机、上料口、通道口等外必须搭设面积足够、有防穿透能力的护棚；

（4）严禁上掷、下抛物料；

（5）搭设、拆除、调整有关设施的危险地点，必须划分危险区（5m 以内），设警戒标志，设专人监护；

（6）作业前要对脚手架、工作台、梯子、吊架、设备等进行检查，确认完好；

（7）外脚手架拆除及旧建筑物拆除，要制定拆除方案，对操作人员进行安全措施交底，拆除时自上而下逐层按顺序进行，禁止采取推倒和拦倒的方法拆除，拆除下来的物料应用传递、吊运的方法运出现场。

2. 管理措施

（1）制定操作规程、应急预案；

（2）禁止冒险进入危险场所；

（3）大雾、大雪、大雨、雷雨或六级以上大风等恶劣天气，不准在底层作业，小心上面掉物打击；

（4）夜间施工，现场没有足够的照明，不准作业；

（5）上岗前饮酒、生病、精神不振、服用安眠镇静剂等药物，或经医生建议暂不宜登高作业的人员均不准作业。

3. 培训教育

（1）入职后应参加单位组织的三级教育培训；

（2）上岗前应参加物体打击防护相关培训；

（3）攀登和悬空作业人员及搭设架子与安全设施的人员，要经专业技术培训，考核合格后持证上岗。

4. 个体防护

戴好安全帽、防护面罩等个人防护用品。

5. 应急处置

（1）抢救的重点是对颅脑损伤、胸部骨折和出血进行处理，并马上组织抢救伤者脱离危险现场，尽快送医院进行抢救治疗，以免再发生损伤；

（2）在移动昏迷的颅脑损伤伤员时，应保持头、颈、胸在一条直线上，不能任意旋曲；若伴颈椎骨折，更应避免头颈的摆动，以防引起颈部血管神经及脊髓的附加损伤；

（3）观察伤者的受伤情况、受伤部位、伤害性质，如伤员发生休克，应先处理休克；

（4）出现颅脑损伤，必须维持呼吸道通畅；昏迷者应平卧，面部转向一侧，以防舌根下坠或分泌物、呕吐物吸入，发生喉阻塞；有骨折者，应初步固定后再搬运；

（5）防止伤口污染；

（6）执行物体打击事故应急预案并定期演练。

第六节　其他工程施工（附属工程）

一、触电

（一）危险源或潜在事件（人、物、作业环境、管理）

1. 电工等未取得特种作业人员资格证上岗作业。

2. 作业人员素质差，用电安全意识淡薄，管理人员未对用电进行技术交底或交底不详细、无针对性。

3. 随意敷设电线、电缆，临时用电电源线连接混乱。

4. 未落实供电和电缆接电工序交接手续。

5. 配电箱及开关箱内设置混乱：配电箱及开关箱不标名称、编号，不做回路标志；照明线与动力线未分开；配电系统未按"总配电箱（或配电柜）—分配电箱—开关箱"形成三级配电等。

6. 保护零线的设置不规范：临时用电系统保护零线引出不符合规范，未根据线路和用电设备的要求设置保护零线；重复接地的未设置接地极或者埋深不足；保护零线未能一直跟随全部线路，并不和用电器械设备的外壳相连接；保护零线的直径比较小，未采用专门色标的电线做保护零线（黄绿双色线）；等等。

（二）管控措施

1. 工程技术

（1）设置规范的三级配电设施和"一机、一闸、一漏保"，线路敷设合理；

（2）配备规范的保护接零接地、漏电保护装置、安全电压、等电位联结等措施；

（3）做好必要的避雷措施；

（4）严格落实供电和电缆接电工序交接手续。

2. 管理措施

（1）制定操作规程、应急预案，执行用电作业审批手续；

（2）电工必须持证上岗；

（3）配电箱等位置设置安全警示标志；

（4）开关箱应防雨、防尘、加锁，离地为 1.5m，与其控制的固定电气设备的距离不超过 3m；

（5）开关箱内不准存放任何物品，防止误操作造成事故，开关箱内的电器安装与接线，必须由电工操作，非电工严禁操作；

（6）漏电保护器发生掉闸时，不能强行合闸，应由电工查明原因，排除故障后，才能继续使用；

（7）工地临时照明灯、标志灯，其电压不超过 36V，特别潮湿场所、金属管道和容器内的照明灯，电压不超过 12V，电气作业人员应穿绝缘鞋，戴绝缘手套；

（8）高压线的下方不得搭设临建，不准堆放材料和进行施工作业；

（9）在高压线一侧作业时，必须保持 6m 以上的水平距离；

（10）线路停电检修必须在断电开关操作柄上悬挂"有人工作，禁止合闸"的标志牌，任何人不得随意移动；

（11）停用的设备必须拉闸断电，锁好开关箱，搬迁或移动用电设备，必须切断电源并做妥善处理后进行。

3. 培训教育

（1）入职后应参加单位组织的三级教育培训；

（2）上岗前应参加用电作业人员培训，合格后持证上岗。

4. 个体防护

穿、戴好绝缘鞋、绝缘手套等绝缘防护用品。

5. 应急处置

（1）切断相关电源，使触电者脱离接触；

（2）执行触电伤害事故应急预案并定期演练。

二、车辆伤害

（一）危险源或潜在事件（人、物、作业环境、管理）

1. 车辆未经检验合格入场。

2. 车辆维修保养不及时。

3. 驾驶人员未进行岗前技术交底，带"病"上岗。

4. 现场工程车辆较多，指挥不得当。

5. 一般的施工车辆车体庞大，且装有各种不同类型的活动工作装置，影响司机的观察视线，操作难度加大。车辆的工作轮廓尺寸多为变量，整体通过能力差，工作重心离地距离大，稳定性差，容易造成事故。

6. 由于工程施工多数为一种短期的行为，所修建使用的交通道路多为临时道路，而且经常需要变更行车路线，路面情况多变，给交通管制带来了不少麻烦，无法像标准道路那样设立系统、完整、醒目的标志，难以形成对驾驶人员的行车警示，产生误区多。

7. 工地现场行驶路面及作业基础土质松软，甚至造成施工车辆倾斜度较大，从而导致车辆失衡倾翻。

（二）管控措施

1. 工程技术

（1）经常对车辆进行维护保养，保证车辆各零部件正常运转；

（2）车辆安装超速报警器、盲区警报器等安全装置；

（3）科学规划设置路况良好的临时交通道路。

2. 管理措施

（1）未经公安交警等部门培训合格持证人员、不熟悉车辆性能者不得驾驶车辆；

（2）应坚持做好例行保养工作，车辆制动器、喇叭、转向系统、灯光等影响安全的部件如作用不良不准出车；

（3）严禁翻斗车、自卸车车厢乘人，严禁人货混装，车辆载货应不超载、超高、超宽，捆扎应牢固可靠，应防止车内物体失稳跌落伤人；

（4）乘坐车辆应坐在安全处，头、手、身不得露出车厢外，要避免车辆启动制动时跌倒；

（5）车辆进出施工现场，在场内掉头、倒车，在狭窄场地行驶时应有专人指挥；

（6）现场行车进场要减速，并做到"四慢"，即道路情况不明要慢，线路不良要慢，起步、会车、停车要慢，在狭路、桥梁弯路、坡路、岔道、行人拥挤地点及出入大门时要慢；

（7）在临近机动车道的作业区以及在道路中的路障应加设安全色标、安全标志和防护措施，并要确保夜间有充足的照明；

（8）装卸车作业时，若车辆停在坡道上，应在车轮两侧用楔形木块加以固定。

3. 培训教育

（1）入职后应参加单位组织的三级教育培训；

（2）上岗前应参加设备作业人员培训，合格后持证上岗。

4. 个体防护

（1）戴好安全帽；

（2）驾驶员系好安全带。

5. 应急处置

（1）迅速将伤员脱离危险场地，移至安全地带；

（2）保持呼吸道通畅，若发现窒息者，应及时解除其呼吸道梗塞和呼吸机能障碍，应立即解开伤员衣领，消除伤员口鼻、咽喉部的异物、血块、分泌物、呕吐物等；

（3）有效止血，包扎伤口；

（4）视其伤情采取报警措施直接送往医院，或待简单处理后去医院检查；

（5）伤员有骨折、关节伤、肢体挤压伤、大块软组织伤都要固定；

（6）执行车辆伤害事故应急预案并定期演练。

三、机械伤害

（一）危险源或潜在事件（人、物、作业环境、管理）

1. 机械设备未经检验合格入场。
2. 机械安全防护设施不齐全有效。
3. 机械设备维修保养不及时。
4. 机械操作人员无证上岗或未经岗前培训合格。
5. 施工现场交叉作业未保持安全距离，指挥不得当。
6. 作业人员的安全意识差，缺乏自我防护意识。

（二）管控措施

1. 工程技术

（1）机械设备应根据有关的安全要求，装设合理、可靠、不影响操作的安全装置；

（2）机械设备的零部件的强度、刚度应符合安全要求，安装应牢固；

（3）供电的导线必须正确安装，不得有任何破损和漏电的地方，电机绝缘应良好，其接线板应有盖板保护；

（4）开关、按钮等应完好无损，其带电部分不得裸露在外；

（5）局部照明应采用安全电压，禁止使用 110V 或 220V 的电压；

（6）重要的手柄应有可靠的定位及锁紧装置，同轴手柄应有明显的长短差别；

（7）手轮在机动时应能与转轴脱开；

（8）脚踏开关应有防护罩或藏入机身的凹入部分内。

2. 管理措施

（1）制定操作规程、应急预案；

（2）操作前应对机械设备进行安全检查，先空车运转，确认正常后，再投入运行；

（3）机械设备严禁带故障运行，不准随意拆除机械设备的安全装置；

（4）机械设备使用刀具、工夹具以及加工的零件等要装卡牢固，不得松动；

（5）机械设备运转时，严禁手调，不得用手测量零件或进行润滑、清扫杂物等；

（6）机械设备运转时，操作者不得离开工作岗位；

（7）工作结束后，应关闭开关，把刀具和工件从工作位置退出，并清理好工作场地，将零件、工夹具等摆放整齐，保持机械设备的清洁卫生。

3. 培训教育

（1）入职后应参加单位组织的三级教育培训；

（2）上岗前应参加机械作业人员培训，合格后方可上岗。

4. 个体防护

（1）戴好安全帽；

（2）做好"三紧"装束，禁止戴围巾等不安全装束。

5. 应急处置

（1）及时操作设备急停开关；

（2）现场施工负责人应立即报告项目部应急救援小组，应急指挥部应立即拨打120急救电话与医院取得联系；在医护人员没有来到之前，应检查受伤者的伤势、心跳及呼吸情况，视不同情况采取不同的急救措施；

（3）对被机械伤害的伤员，应迅速小心地使伤员脱离伤源，必要时，拆卸机器，移出受伤的肢体；

（4）对发生休克的伤员，应首先进行抢救；

（5）对骨折的伤员，应利用木板、竹片和绳布等捆绑骨折处的上下关节，固定骨折部位，也可将其上肢固定在身侧，下肢与另一健肢缚在一起；

（6）执行机械伤害事故应急预案中的其他行动。

四、起重伤害

（一）危险源或潜在事件（人、物、作业环境、管理）

1. 起重设备操作人员、司索工、指挥员等相关特种作业人员无证上岗，未经岗前培训，对设备操作不熟练或未严格遵守起重机械安全操作规程进行操作。

2. 司索工等人员作业经验不足，分析判断能力差，捆绑物品对物体重心掌握不够，重量估计不准，超载起吊。

3. 特种设备未经特种设备安全监督管理部门检验合格备案，限位装置、止脱器等零部件缺失。

4. 违反起重机械"十不吊"原则。

5. 多台设备同时作业，相互间距离过近造成干扰。

6. 无专人指挥、指挥不当或起重司机不注意听从指挥。

7. 流动式起重机支腿未完全伸开。

（二）管控措施

1. 工程技术

（1）根据现场条件，编制专项起重作业方案，验算起重量，选择起重设备，并通过方案审查；

（2）配备规范的起重设备、起重吊索具等设施；

（3）吊装物完整，具备正常吊装条件。

2. 管理措施

（1）制定应急预案；

（2）起重设备取得特种设备合格证、使用登记证等；

（3）操作、指挥、司索等人员取得资格证书，严格执行"十不吊"；

（4）执行起重作业审批手续；

（5）禁止人员冒险进入危险场所；

（6）设置安全警戒及安全警示标志；

（7）启动机械，检查各仪表、工作装置、安全装置是否正常，经试运转，确认安全后方可开始作业；

（8）起重机工作时，在起重臂下严禁站人，禁止被起吊的重物从人、汽车驾驶室上方通过，禁止无关人员在施工现场附近停留或通过；

（9）起吊物不得长时间悬在空中，起吊物在空中时，驾驶员不得离开驾驶室。

3. 培训教育

（1）入职后应参加单位组织的三级教育培训；

（2）作业前应参加安全技术交底，经培训合格后方可上岗。

4. 个体防护

戴好安全帽等个人防护用品。

5. 应急处置

（1）无论任何人，一旦发现起重机械存在起重伤害危险，应立即呼叫在场的全体人员远离事故可能发生点；

（2）现场人员应迅速通知当班班组，由班长打电话及时向应急抢救领导小组报告事故的发生情况，请求支援；

（3）根据现场情况，若有人员受伤，应立即拨打 120 急救电话，向急救中心求救。在急救车到来以前，应对受伤人员进行急救；

（4）在没有人员受伤的情况下，现场负责人应根据实际情况研究补救措施，在确保人员生命安全的前提下，组织恢复正常的生产秩序；

（5）执行起重伤害事故应急预案并定期进行演练。

五、火灾

（一）危险源或潜在事件（人、物、作业环境、管理）

现场动火作业多，使用或储存相关可燃气体、液体以及施工中使用可燃物料。

（二）管控措施

1. 工程技术

（1）设置规范的危化品仓库、普货仓库，满足消防要求；

（2）配齐消防设施、灭火器材等消防用品，并保证有效。

2. 管理措施

（1）制定操作规程、应急预案；

（2）执行动火作业审批手续；

（3）设置安全警示标志。

3. 培训教育

（1）入职后应参加单位组织的三级教育培训；

（2）上岗前应参加动火作业人员培训，合格后方可上岗。

4. 个体防护

穿戴好个人防护用品。

5. 应急处置

（1）大声呼叫失火，并报告单位负责人，报警完毕后到路口迎接消防车及急救人员的到来；

（2）现场负责人负责现场总指挥，打电话给119报告失火地点、火势以及联系人和联系电话，同时通知主管领导；

（3）按应急方案立即进行自救，火灾初起阶段可用灭火器灭火、用消防桶提水、用铁锹铲土等，力争在火灾初起阶段将火扑灭；若事态严重，难以控制和处理，应在自救的同时向专业救援队求助；

（4）由电工负责切断电源，防止事态扩大；

（5）在组织扑救的同时，组织人员清理、疏散现场人员和易燃易爆、可燃材料；如有物资仓库起火，应首先抢救危险及其他有毒、易燃物品，防止人员伤害和环境污染；

（6）疏通事故发生现场的道路，保持消防通道的畅通，保证消防车辆通行及救援工作顺利进行；

（7）在急救过程中，遇有威胁人身安全情况，应首先确保人身安全，迅速疏散人群至安全地带，以减少不必要的伤亡；设立警戒线，禁止无关人员进入危险区域；组织人员脱离危险区域后，再采取紧急措施；对火灾事故造成的人身伤害要及时抢救，密切配合专业救援队伍进行急救工作；

（8）保护火灾现场，指派专人看守。

六、物体打击

（一）危险源或潜在事件（人、物、作业环境、管理）

1. 作业人员进入施工现场未按要求佩戴安全帽。
2. 作业人员没有在规定的安全通道内活动。
3. 高处作业过程中的一般常用工具没有放在工具袋内，随手乱放。
4. 作业人员从高处往下抛掷材料、杂物、垃圾或向上递工具。
5. 脚手板不满铺或铺设不规范，物料堆放在临边及洞口附近。
6. 拆除工程未设警示标志，周围未设警戒区或未搭设防护棚。
7. 起重吊运物料时，没有专人进行指挥。

8. 起重吊装未按"十不吊"规定执行。

9. 平网、密目网防护不严,垂直交叉作业。

(二) 管控措施

1. 工程技术

(1) 外脚手架"四口""五临边"密目安全网及层层安全防护必须符合要求;

(2) 交叉作业,要有隔离防护措施或上下双方签订"交替施工"的书面协议;

(3) 在人员固定及密集场所,如卷扬机、上料口、通道口等外必须搭设面积足够、有防穿透能力的护棚;

(4) 严禁上掷、下抛物料;

(5) 搭设、拆除、调整有关设施的危险地点,必须划分危险区(5m 以内),设警戒标志,设专人监护;

(6) 作业前要对脚手架、工作台、梯子、吊架、设备等进行检查;

(7) 外脚手架拆除及旧建筑物拆除,要制定拆除方案,对操作人员进行安全措施交底,拆除时自上而下逐层按顺序进行,禁止采取推倒和拦倒的方法拆除,拆除下来的物料应用溜槽、传递、吊运的方法运出现场,拆除危险区域应设置围栏,划定戒严区,并派人看护。

2. 管理措施

(1) 制定操作规程、应急预案;

(2) 禁止冒险进入危险场所;

(3) 大雾、大雪、大雨、雷雨或六级以上大风等恶劣天气,不准在底层作业,小心上面掉物打击;

(4) 夜间施工,现场没有足够的照明,不准作业;

(5) 上岗前饮酒、生病、精神不振、服用安眠镇静剂等药物,或经医生建议暂不宜登高作业的人员均不准作业。

3. 培训教育

(1) 入职后应参加单位组织的三级教育培训;

(2) 上岗前应参加物体打击防护相关培训;

（3）攀登和悬空作业人员及搭设架子与安全设施的人员，要经专业技术培训，考核合格后持证上岗。

4. 个体防护

戴好安全帽、防护面罩等个人防护用品。

5. 应急处置

（1）抢救的重点是对颅脑损伤、胸部骨折和出血进行处理，并马上组织抢救伤者脱离危险现场，尽快送医院进行抢救治疗，以免再发生损伤；

（2）在移动昏迷的颅脑损伤伤员时，应保持头、颈、胸在一条直线上，不能任意旋曲；若伴颈椎骨折，更应避免头颈的摆动，以防引起颈部血管神经及脊髓的附加损伤；

（3）观察伤者的受伤情况、受伤部位、伤害性质，如伤员发生休克，应先处理休克；

（4）出现颅脑损伤，必须维持呼吸道通畅；昏迷者应平卧，面部转向一侧，以防舌根下坠或分泌物、呕吐物吸入，发生喉阻塞；有骨折者，应初步固定后再搬运；

（5）防止伤口污染；

（6）执行物体打击事故应急预案并定期演练。

七、高处坠落

（一）危险源或潜在事件（人、物、作业环境、管理）

1. 安全技术交底不到位，作业人员安全意识差，违章作业。
2. 管理人员违章指挥。
3. 临边作业防护设施不齐全、不规范。
4. 高处作业未系、挂安全带等安全装备。
5. 脚手架搭设不规范、防护设施不全、脚手板材质或铺设不符合要求。

（二）管控措施

1. 工程技术

（1）施工组织设计中列明高处临边、洞口等处防护措施；

（2）吊篮及其他移动平台配备生命绳等专项安全设施。

2. 管理措施

（1）严格规章制度，提高违章的成本，使责任单位和人员意识到违章划不来、承担不起，以杜绝他们冒险作业的念头；

（2）定期对从事高处作业的人员进行健康检查，一旦发现有妨碍高处作业的疾病或生理缺陷的人员，应当调离岗位；

（3）把好验收关，临边、洞口、电梯井、脚手架等防护设施在使用之前必须按照要求组织验收，验收时相关负责人要履行签字手续，验收合格后才能投入使用；

（4）加大现场安全检查的密度，及时纠正违章行为，通过安全巡检、周检、专项检查对在高处作业中违反安全技术操作规程和违反劳动纪律的行为进行纠正，彻底改变作业人员习惯性违章的行为；

（5）禁止在大雨、大雪及六级以上大风等恶劣天气从事露天悬空高处作业；大风、大雨、大雪天气过后应组织现场人员对脚手架、各种防护设施进行专项安全检查，确保安全后才能继续使用；

（6）夜间、照明光线不足时，不得从事悬空高处作业。

3. 培训教育

（1）上岗前应参加高处作业人员培训，取得高空作业证后方可上岗；

（2）增大对高处作业人员的安全教育频率；

（3）寻找高处坠落事故的发生规律，进行有针对性的教育和控制，如节假日前后、季节变化施工前、工程收尾阶段等作业人员人心比较散漫时进行针对性教育，并组织开展高处坠落的专项检查，通过检查及时将各种不利因素、事故苗头消灭在萌芽状态。

4. 个体防护

把好入场关。安全帽、安全带、安全网等防护用品的证件必须齐全。

5. 应急处置

（1）现场知情人应当立即采取措施，切断或隔离危险源，防止救援过程中发生次生灾害；

（2）切断或隔离危险源后，现场知情人员应当立即开展现场急救工作，同时请求应急救援和上报事故信息；

（3）及时拨打 120 并做好受伤人员的现场救护工作；

（4）执行高处坠落事故应急预案并定期演练。

八、中毒和窒息

（一）危险源或潜在事件（人、物、作业环境、管理）

1. 现场作业人员未佩戴合格的安全防护用品。

2. 安全技术交底不到位，作业人员未按作业规程进行施工作业。

（二）管控措施

1. 工程技术

（1）探索实施半封闭或全封闭作业；

（2）提升通风换气水平，改善空气条件；

（3）局部区域采用空气调节专用设备设施。

2. 管理措施

（1）制定操作规程、应急预案；

（2）设置作业监护人；

（3）严防冬季取暖等引发一氧化碳中毒窒息；

（4）设置安全警示标志。

3. 培训教育

（1）入职后应参加单位组织的三级教育培训；

（2）上岗前应参加中毒窒息防护相关培训。

4. 个体防护

戴好防毒口罩等防护用品。

5. 应急处置

（1）佩戴好个人防护用品，采取有效的防护措施；

（2）及时将中毒者救出事故现场，转移到空气新鲜、流动处（室外或上风向位置），脱去被污染的衣物，松开领口、紧身衣物和腰带，以利于中毒者呼吸畅通，方便毒物尽快排出体外，如有条件可给中毒者输氧气；注意使中毒者保暖、静卧，利用身边的急救药品和抢救方法进行救护，同时密切观察伤者病情的变化；

(3) 执行中毒窒息事故应急预案并定期演练。

九、高温中暑

（一）危险源或潜在事件（人、物、作业环境、管理）

夏季露天作业，高温下连续作业，未及时补充盐分、水分。

（二）管控措施

1. 工程技术

(1) 合理设置遮阳、洒水等防晒防暑降温措施；

(2) 局部高温部位，应设置独立温度调节设备设施。

2. 管理措施

(1) 科学合理安排作息时间，尽量避免夏季高温时段露天作业；

(2) 不良天气应严格控制加班情况；

(3) 定期体检，有禁忌者应及时调离岗位。

3. 培训教育

(1) 入职后应参加单位组织的三级教育培训；

(2) 开展防暑降温类教育培训。

4. 个体防护

多喝清凉含盐饮料、绿豆汤等防暑饮品。

5. 应急处置

(1) 及时脱离高温环境，迅速将病人移到阴凉、通风的地方，垫高头部，解开衣扣，平卧休息，观察体温、脉搏、呼吸、血压变化；

(2) 用冷水毛巾敷头部，或用冰袋置于中暑者头部和大腿根部等部位，或用30%酒精擦身降温，并补充淡盐水以及绿豆汤等清凉饮料，清醒者也可服人丹、藿香正气水等；

(3) 对热射病者应密切观察意识、瞳孔等变化，冷水洗面及颈部，以降低体表温度，有意识障碍呈昏迷者，要注意防止因呕吐物误吸而引起窒息，应将病人的头偏向一侧，保持其呼吸道通畅；

(4) 对重症中暑者应立即送往医疗机构进行治疗。

参考文献

[1] 倪宝书,寇凤岐,王春正. 公路路基路面施工安全技术与风险控制[M]. 北京: 中国铁道出版社,2016:97—100.

[2] 杨永敏,吴树东,周士杰. 公路隧道工程施工安全技术与风险控制[M]. 北京: 中国铁道出版社,2016.

[3] 甘肃路桥建设集团有限公司. 公路工程安全风险辨识与防控手册[M]. 北京: 人民交通出版社,2018.

[4] 江苏省交通运输厅. 公路水运工程施工安全风险辨识评估管控指南——港口工程篇[M]. 北京:人民交通出版社,2022:423—424,427—439.